# McGraw-Hill's
# SPANISH
# ILLUSTRATED
# DICTIONARY

**LiveABC**

New York  Chicago  San Francisco  Lisbon  London  Madrid  Mexico City
Milan  New Delhi  San Juan  Seoul  Singapore  Sydney  Toronto

ISBN 978-0-07-174917-6 (book and CD set)
MHID 0-07-174917-9 (book and CD set)

ISBN 978-0-07-174915-2 (book for set)
MHID 0-07-174915-2 (book for set)

Library of Congress Control Number: 2010933205

## MP3 Disk

The accompanying disk contains MP3 recordings of all terms presented in this dictionary. These files can be played on your computer and loaded onto your MP3 player.

### To download to computer:

Double-click on My Computer, find and open your CDROM disk drive, and double-click on the icon to launch the MH Spanish Dictionary Study Player. If you experience difficulties, consult the Read Me file on the disk.

### To load MP3 files on your iPod or similar MP3 player:

1. Open iTunes on your computer.
2. Insert the disk into your computer and open via My Computer.
3. Drag the folder "Spanish Dict MP3s" into the Music Library in the iTunes menu.
4. Sync your iPod with iTunes and eject the iPod.
5. Locate the recordings on your iPod by following this path:

   Main menu: Menu
   Music menu: Artists
   Artist menu: Spanish Illustrated Dictionary

6. If you experience difficulties, check the Read Me file on the disk.

# Contents

• *How to Use this Book* ........................... 1

| Section 1 | Around the House |
|---|---|

1-1  Apartment & House • **El apartamento y la casa**  2

1-2  In the Living Room I • **En el salón I**  4

1-3  In the Living Room II • **En el salón II**  6

1-4  Computer Equipment • **El equipo de cómputo**  8

1-5  In the Bathroom • **En el cuarto de baño**  10

1-6  Toiletries • **Los artículos de aseo personal**  12

1-7  Cosmetics • **Los cosméticos**  14

1-8  In the Bedroom • **En el dormitorio**  16

1-9  Cleaning & Laundry • **La limpieza y la lavandería**  18

1-10  In the Kitchen • **En la cocina**  20

1-11  Tools • **Las herramientas**  22

1-12  Housework & Routines • **Los quehaceres domésticos y las rutinas**  24

| Section 2 | People |
|---|---|

2-1  People • **La gente**  26

2-2  Family • **La familia**  28

2-3  Occupations I • **Las ocupaciones I**  30

2-4  Occupations II • **Las ocupaciones II**  32

2-5  The Body • **El cuerpo**  34

2-6  Emotions • **Los sentimientos**  36

2-7  Actions • **Las acciones**  38

| Section 3 | Foods |
|---|---|

3-1  In the Supermarket • **En el supermercado**  40

3-2  Fruit • **La fruta**  42

3-3  Vegetables • **Las verduras**  44

3-4  Meat • **La carne**  46

3-5  Seafood • **El pescado y los mariscos**  48

3-6  Beverages • **Las bebidas**  50

3-7  Dairy Products • **Los productos lácteos**  51

| Section 4 | At a Restaurant |
|---|---|

4-1  In a Fast-Food Restaurant • **En un restaurante de comida rápida**  52

4-2  In a Restaurant • **En un restaurante**  54

4-3  Looking at a Menu • **Mirar la carta**  56

4-4  Tableware • **La vajilla y los cubiertos**  58

4-5  Food Preparation • **La preparación de la comida**  60

4-6  Seasonings • **Los condimentos**  62

| Section 5 | Clothing |
|---|---|

5-1  Clothing • **La ropa**  64

5-2  Accessories • **Los accesorios**  66

5-3  Shoes & Socks • **Los zapatos y calcetines**  68

| Section 6 | Around Town |
|---|---|

6-1  In the City • **En la ciudad**  70

6-2  In the Post Office • **En la oficina de correos**  72

6-3  In the Police Station • **En la comisaría de policía**  74

6-4  In the Bank • **En el banco**  76

6-5  In the Department Store • **En el almacén**  78

**Section 7** Transportation

7-1 Vehicles • **Los vehículos** 80

7-2 On the Road • **Por el camino** 82

**Section 8** Air Travel

8-1 On an Airplane • **En el avión** 84

8-2 In the Airport • **En el aeropuerto** 86

**Section 9** Leisure & Entertainment

9-1 Pastimes & Hobbies • **Los pasatiempos** 88

9-2 Musical Instruments • **Los instrumentos musicales** 90

**Section 10** At the Hospital

10-1 In the Hospital • **En el hospital** 92

**Section 11** Education

11-1 At School • **En la escuela** 94

11-2 Campus • **El campus** 96

Supplement 98

11-3 In the Classroom • **En la clase** 100

11-4 Stationery • **Artículos de papelería** 102

11-5 Colors • **Los colores** 104

11-6 Shapes & Symbols • **Las formas y los símbolos** 106

**Section 12** Athletics

12-1 Sports I • **Los deportes I** 108

12-2 Sports II • **Los deportes II** 110

12-3 Water Sports & Activities • **Los deportes y las actividades acuáticos** 112

12-4 Track & Field • **Pista y campo** 114

**Section 13** Animals & Plants

13-1 Animals I • **Los animales I** 116

13-2 Animals II • **Los animales II** 118

13-3 Birds • **Las aves** 120

13-4 Sea Life • **La vida del mar** 122

13-5 Plants • **Las plantas** 124

**Section 14** Season & Time

14-1 The Calendar • **El calendario** 126

14-2 Weather & Seasons • **El tiempo y las estaciones** 128

14-3 Holidays • **Las fiestas** 130

**Section 15** The World

15-1 Geography • **La geografía** 132

• Index ................................................ 134

# How to Use This Book

It is suggested that you listen to the audio recordings when using this book. It will make your learning more efficient.

Unit title including English and Spanish

Category title shown in English

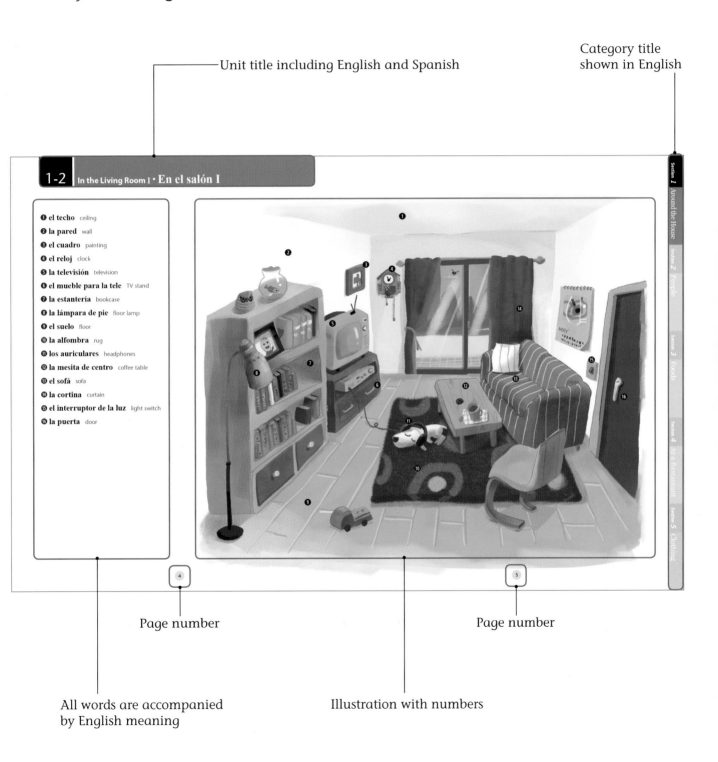

## 1-2 In the Living Room I · En el salón I

❶ **el techo**   ceiling
❷ **la pared**   wall
❸ **el cuadro**   painting
❹ **el reloj**   clock
❺ **la televisión**   television
❻ **el mueble para la tele**   TV stand
❼ **la estantería**   bookcase
❽ **la lámpara de pie**   floor lamp
❾ **el suelo**   floor
❿ **la alfombra**   rug
⓫ **los auriculares**   headphones
⓬ **la mesita de centro**   coffee table
⓭ **el sofá**   sofa
⓮ **la cortina**   curtain
⓯ **el interruptor de la luz**   light switch
⓰ **la puerta**   door

Section 1  Around the House
Section 2  People
Section 3  Foods
Section 4  At a Restaurant
Section 5  Clothing

Page number

Page number

All words are accompanied by English meaning

Illustration with numbers

❶ **el edificio**  building

❷ **la ventana**  window

❸ **la piscina**  swimming pool

❹ **la puerta principal**  main door

❺ **el guardia de seguridad**  security guard

❻ **el apartamento**  apartment

**❼ el balcón**   balcony

**❽ el último piso**   top floor

**❾ la escalera**   stair

**❿ el garaje**   garage

**⓫ el jardín**   yard

**⓬ el buzón**   mailbox

3

❶ **el techo**  ceiling

❷ **la pared**  wall

❸ **el cuadro**  painting

❹ **el reloj**  clock

❺ **la televisión**  television

❻ **el mueble para la tele**  TV stand

❼ **la estantería**  bookcase

❽ **la lámpara de pie**  floor lamp

❾ **el suelo**  floor

❿ **la alfombra**  rug

⓫ **los auriculares**  headphones

⓬ **la mesita de centro**  coffee table

⓭ **el sofá**  sofa

⓮ **la cortina**  curtain

⓯ **el interruptor de la luz**  light switch

⓰ **la puerta**  door

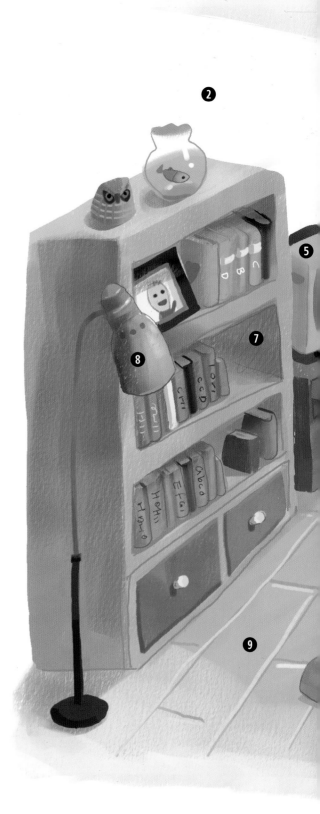

**❶ el sillón** armchair

**❷ el sillón reclinable** recliner

**❸ la mecedora** rocking chair

**❹ la mesita auxiliar** side table

**❺ el teléfono** telephone

**❻ el jarrón** vase

**❼ el cubo de la basura** trash can

**❽ el acondicionador de aire** air conditioner

**9** **el calentador**   heater

**10** **el ventilador**   fan

**11** **el equipo estéreo**   stereo

**12** **el reproductor de DVD**   DVD player

**13** **el mando a distancia**   remote control

**14** **la aspiradora**   vacuum cleaner

**15** **el contestador automático**
answering machine

**1** **el ordenador de sobremesa/la computadora de escritorio**  desktop computer

**2** **el ordenador/la computadora portátil**  laptop computer

**3** **el monitor/la pantalla CRT**  CRT monitor

**4** **el monitor/la pantalla LCD**  LCD monitor

**5** **la placa base**  motherboard

**6** **el procesador**  CPU

**7** **la memoria principal RAM**  RAM

**8** **el disco duro**  hard disk

**9** **la tarjeta de red**  network adapter card

**10** **el módem**  modem

**11** **el ratón**  mouse

**12** **la alfombrilla de ratón**  mouse pad

**13** **el teclado**  keyboard

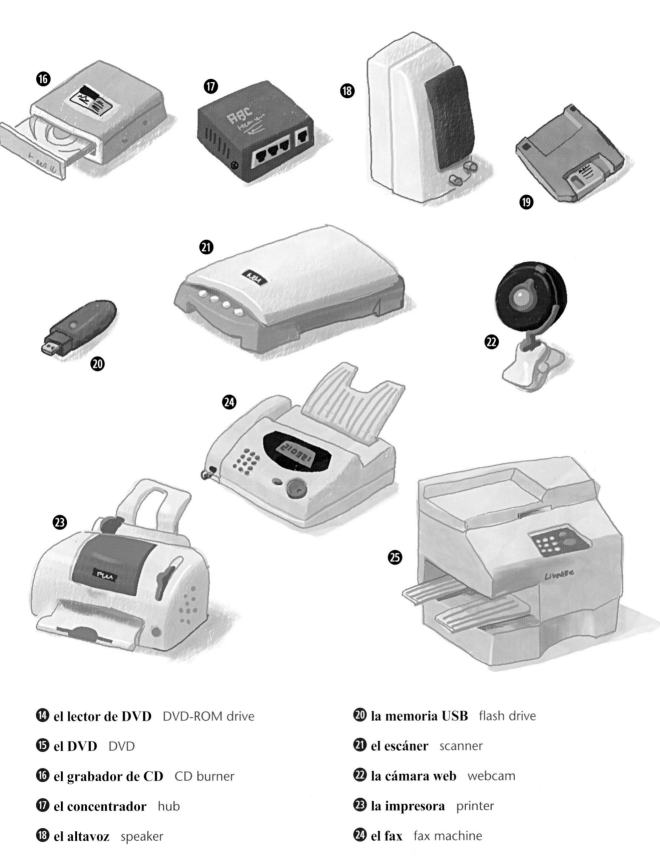

⓮ **el lector de DVD**  DVD-ROM drive

⓯ **el DVD**  DVD

⓰ **el grabador de CD**  CD burner

⓱ **el concentrador**  hub

⓲ **el altavoz**  speaker

⓳ **el disquete**  floppy disk

⓴ **la memoria USB**  flash drive

㉑ **el escáner**  scanner

㉒ **la cámara web**  webcam

㉓ **la impresora**  printer

㉔ **el fax**  fax machine

㉕ **la fotocopiadora**  photocopier

❶ **el azulejo**  tile

❷ **el estante**  shelf

❸ **el espejo**  mirror

❹ **el enchufe**  socket

❺ **la toalla de baño**  bath towel

❻ **la toalla**  towel

❼ **el lavabo**  sink

❽ **el grifo**  faucet

❾ **el papel higiénico**  toilet paper

❿ **la cisterna**  toilet tank

⓫ **el inodoro**  toilet

⓬ **el desagüe**  drain

⓭ **la alfombrilla de baño**  bath mat

⓮ **la cortina de ducha**  shower curtain

⓯ **la regadera de la ducha**  showerhead

⓰ **la bañera**  bathtub

❶ **la maquinilla de afeitar** razor

❷ **la afeitadora eléctrica** electric razor

❸ **la hoja de afeitar** razor blade

❹ **la limpiadora para el cutis** facial wash

❺ **el champú** shampoo

❻ **el acondicionador para el cabello** conditioner

❼ **el gel de baño** shower gel

❽ **el jabón** soap

❾ **la loción para el cuerpo** body lotion

❿ **el cepillo de dientes** toothbrush

⓫ **la pasta dentífrica** toothpaste

⓬ **el secador de pelo** blow-dryer

⓭ **el cepillo para el pelo** hairbrush

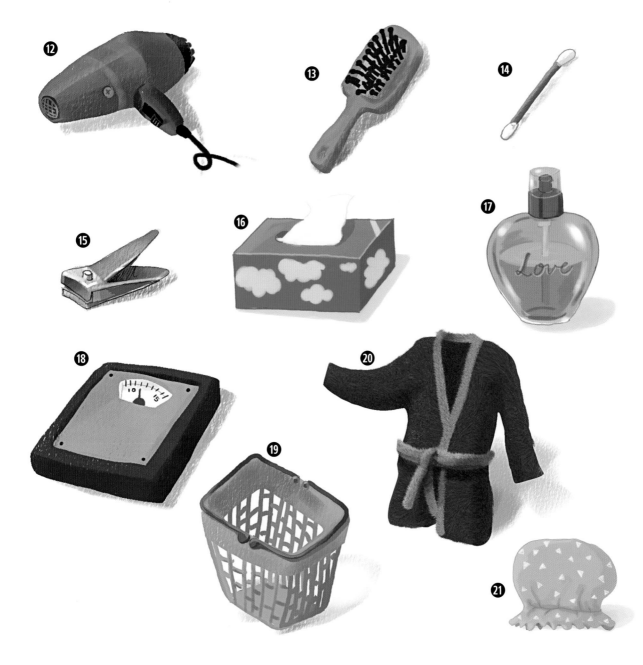

**⑭ el bastoncillo de algodón**
cotton swab

**⑮ el cortaúñas**  nail clipper

**⑯ los pañuelos de papel**  facial tissues

**⑰ el perfume**  perfume

**⑱ la báscula de baño**  scale

**⑲ el cesto de la ropa sucia**  laundry basket

**⑳ la bata de baño**  bathrobe

**㉑ el gorro de ducha**  shower cap

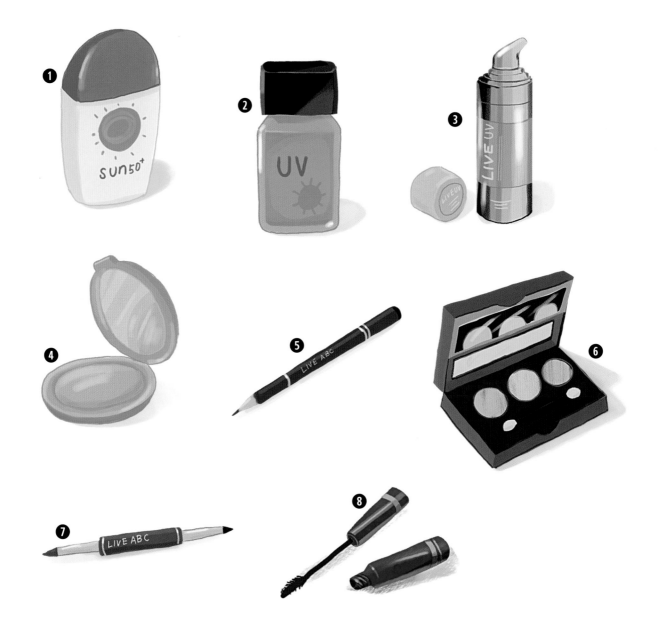

❶ **la loción protectora solar**  sunscreen

❷ **la crema hidratante**  moisturizer

❸ **la base de maquillaje**  foundation

❹ **el maquillaje compacto**
   compact foundation

❺ **el lápiz de cejas**  eyebrow pencil

❻ **la sombra de ojos**  eye shadow

❼ **el delineador de ojos**  eyeliner

❽ **el rímel**  mascara

**❾ el rizapestañas**  eyelash curler

**❿ el colorete**  blush

**⓫ la brocha**  brush

**⓬ el pintalabios**  lipstick

**⓭ el esmalte**  nail polish

**⓮ el aceite para el cuerpo**  body oil

**⓯ la máscara**  mask

❶ **el despertador**   alarm clock

❷ **el marco**   picture frame

❸ **la lámpara**   lamp

❹ **la mesita de noche**   nightstand

❺ **la cabecera**   headboard

❻ **la almohada**   pillow

❼ **la cama de matrimonio**   double bed

❽ **el colchón**   mattress

❾ **la sábana**   sheet

❿ **el edredón**   comforter, duvet

⓫ **las zapatillas, las pantuflas**   slippers

⓬ **la camiseta**   undershirt

⓭ **el escabel**   footstool

⓮ **la cómoda**   chest of drawers

⓯ **el sujetalibros**   bookend

⓰ **el armario**   wardrobe

⓱ **los cosméticos**   cosmetics

⓲ **el tocador**   vanity

Additional Information: Kinds of Beds

1. **la cama individual**   single bed

2. **el sofá-cama**   sofa bed

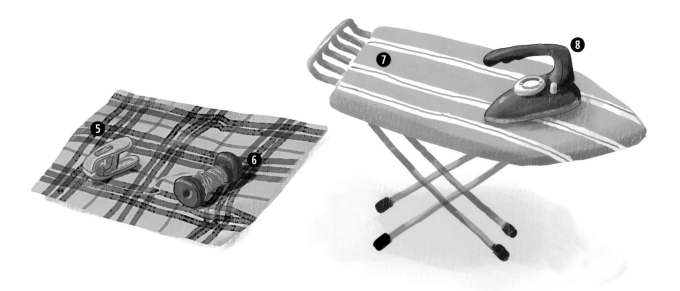

❶ **el detergente**   laundry detergent

❷ **el suavizante para la ropa**
fabric softener

❸ **la lejía**   bleach

❹ **la percha**   hanger

❺ **la pinza**   clothes pin

❻ **el hilo**   thread

❼ **la tabla de planchar**   ironing board

❽ **la plancha**   iron

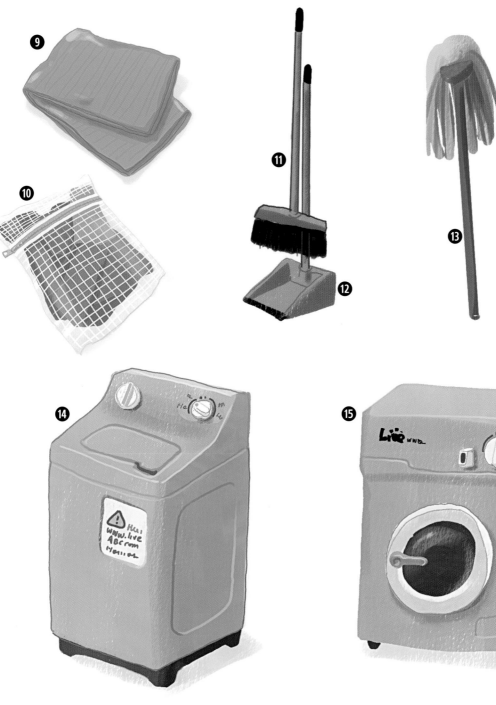

**❾ el trapo**  rag

**❿ la bolsa de ropa sucia**  laundry bag

**⓫ la escoba**  broom

**⓬ el recogedor**  dustpan

**⓭ el trapeador**  mop

**⓮ la lavadora**  washing machine

**⓯ la secadora**  dryer

**❶ el refrigerador** refrigerator

**❷ el delantal** apron

**❸ la cafetera** coffee maker

**❹ el ventilador del horno** range fan

**❺ el armario** cupboard

**❻ el microondas** microwave oven

**❼ el escurridor de platos** dish rack

**❽ el cucharón** ladle

**❾ la cuchilla de carnicero** cleaver

**❿ la olla** pot

**⓫ la cocina de gas** gas stove

**⓬ la sartén** frying pan

**⓭ el fregadero** sink

**⓮ la encimera** counter

**⓯ la tabla para cortar** cutting board

**⓰ el lavaplatos** dishwasher

**⓱ el horno** oven

**⓲ el armario** cabinet

**⓳ la licuadora** blender

**⓴ la vaporera** steam cooker

**㉑ la tetera eléctrica** electric kettle

**㉒ la tostadora** toaster

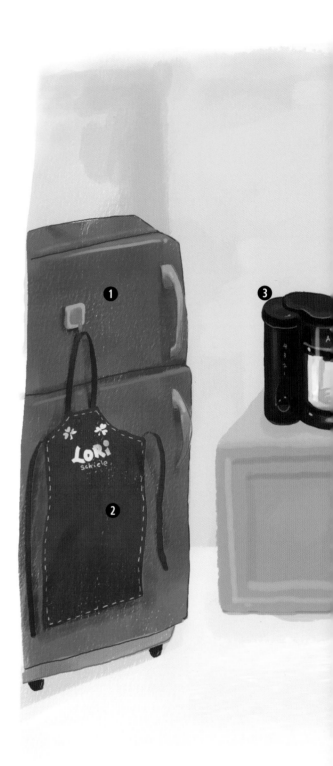

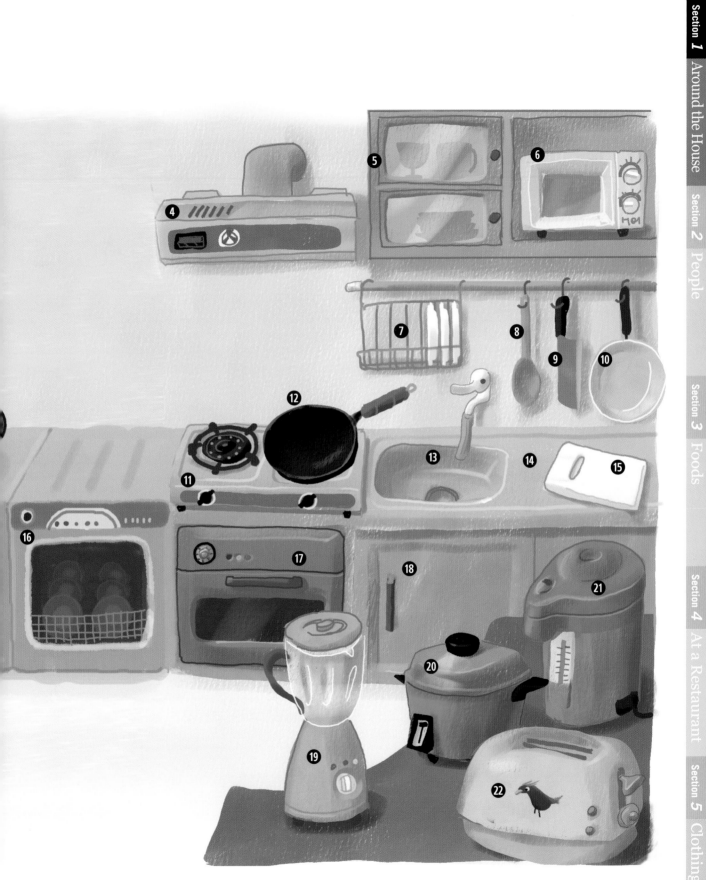

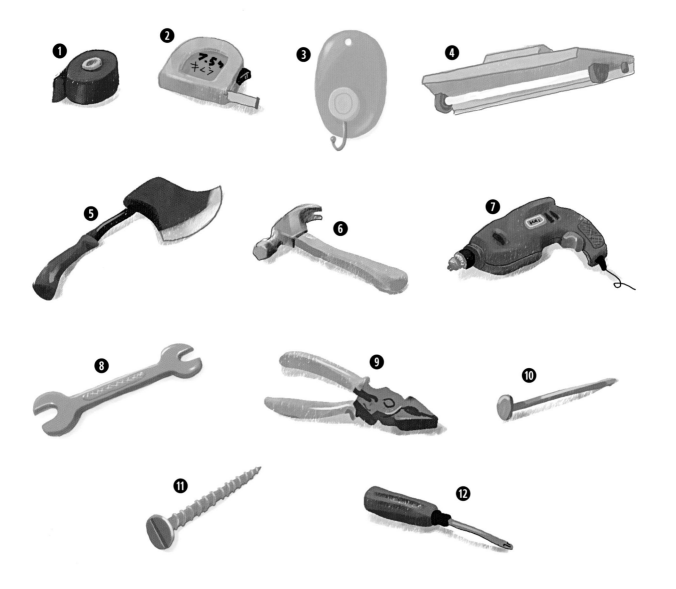

**❶ la cinta**  tape

**❷ la cinta métrica**  tape measure

**❸ el gancho**  hook

**❹ la luz fluorescente**  fluorescent light

**❺ el hacha**  ax

**❻ el martillo**  hammer

**❼ el taladro eléctrico**  electric drill

**❽ la llave inglesa**  wrench

**❾ los alicates**  pliers

**❿ el clavo**  nail

**⓫ el tornillo**  screw

**⓬ el destornillador**  screwdriver

**⓭ la linterna**  flashlight

**⓮ la caja de herramientas**  toolbox

**⓯ la pintura**  paint

**⓰ la brocha**  paintbrush

**⓱ el rodillo**  paint roller

**⓲ la escalera**  ladder

**⓳ la pala**  shovel

**⓴ el cepillo de fregar**  scrub brush

**㉑ el cubo, el balde**  bucket

**㉒ la esponja**  sponge

❶ **pasar la aspiradora**  to vacuum

❷ **barrer el suelo**  to sweep the floor

❸ **lavar**  to wash

❹ **lavar la ropa**  to do the laundry

❺ **planchar la ropa**  to iron the clothes

❻ **coser**  to sew

❼ **tejer**  to knit

❽ **comer**  to eat

❾ **beber**  to drink

❿ **cocinar**  to cook

⓫ **fregar los platos**  to wash the dishes

⓬ **dormir**  to sleep

⑬ **levantarse**   to get up

⑭ **cepillarse los dientes**
to brush one's teeth

⑮ **lavarse la cara**   to wash one's face

⑯ **ducharse**   to take a shower

⑰ **llevar (la ropa)**   to wear (clothing)

⑱ **llevar (los accesorios)**   to wear (accessories)

⑲ **quitarse**   to take off

⑳ **llamar por teléfono**   to call, to telephone

㉑ **regar las plantas**   to water the plants

㉒ **sacar la basura**   to take out the garbage

㉓ **abrir/encender**   to open/turn on

㉔ **cerrar/cortar**   to close/turn off

**❶ el hombre** man

**❷ la mujer** woman

**❸ el anciano** elderly man

**❹ la anciana** elderly woman

**❺ una persona de mediana edad**
middle-aged person

**6 el chico** boy

**7 la chica** girl

**8 el/la adolescente** teenager

**9 la mujer embarazada**
pregnant woman

**10 el pequeñito** toddler

**11 la niña** child

**12 el/la bebé** baby

27

*Por parte del padre*
(Father's side)

❶ **el abuelo paterno**  paternal grandfather

❷ **la abuela paterna**  paternal grandmother

❸ **el abuelo materno**  maternal grandfather

❹ **la abuela materna**  maternal grandmother

❺ **la tía** (la hermana del padre)
aunt (father's sister)

❻ **el tío** (el esposo de la hermana del padre)
uncle (father's sister's husband)

❼ **el tío** (el hermano menor del padre)
uncle (father's younger brother)

❽ **la tía** (la esposa del hermano menor del padre)
aunt (father's younger brother's wife)

❾ **el tío** (el hermano mayor del padre)
uncle (father's older brother)

❿ **la tía** (la esposa del hermano mayor del padre)
aunt (father's older brother's wife)

⓫ **el padre**  father

⓬ **la madre**  mother

⓭ **el tío** (el hermano de la madre)
uncle (mother's brother)

⓮ **la tía** (la esposa del hermano de la madre)
aunt (mother's brother's wife)

⓯ **la tía** (la hermana de la madre)
aunt (mother's sister)

⓰ **el tío** (el esposo de la hermana de la madre)
uncle (mother's sister's husband)

⓱ **la prima** (la hija de los tíos)
cousin (daughter of aunt and uncle)

⓲ **el primo** (el hijo de los tíos)
cousin (son of aunt and uncle)

⓳ **el hermano mayor**
older brother

⓴ **la cuñada** (la esposa del hermano mayor)
sister-in-law (older brother's wife)

㉑ **la hermana mayor**  older sister

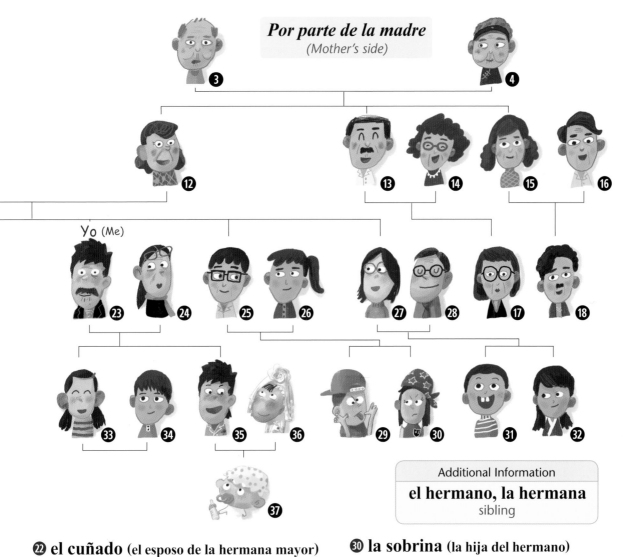

*Por parte de la madre*
(Mother's side)

**Yo** (Me)

---

**Additional Information**

**el hermano, la hermana**
sibling

---

**㉒ el cuñado** (el esposo de la hermana mayor)
brother-in-law (older sister's husband)

**㉓ el esposo**   husband

**㉔ la esposa**   wife

**㉕ el hermano menor**   younger brother

**㉖ la cuñada** (la esposa del hermano menor)
sister-in-law (younger brother's wife)

**㉗ la hermana menor**   younger sister

**㉘ el cuñado** (el esposo de la hermana menor)
brother-in-law (younger sister's husband)

**㉙ el sobrino** (el hijo del hermano)
nephew (brother's son)

**㉚ la sobrina** (la hija del hermano)
niece (brother's daughter)

**㉛ el sobrino** (el hijo de la hermana)
nephew (sister's son)

**㉜ la sobrina** (la hija de la hermana)
niece (sister's daughter)

**㉝ la hija**   daughter

**㉞ el yerno**   son-in-law

**㉟ el hijo**   son

**㊱ la nuera**   daughter-in-law

**㊲ el nieto**   grandchild

**❶ el vendedor, la vendedora**
salesman, saleswoman

**❷ el/la ayudante** assistant

**❸ el secretario, la secretaria** secretary

**❹ el/la gerente** manager

**❺ el reportero, la reportera** reporter

**❻ el maestro, la maestra** teacher

**❼ el profesor, la profesora** professor

**❽ el funcionario, la funcionaria**
civil servant

**❾ el/la policía** police officer

**❿ el bombero, la bombera** firefighter

**⓫ el/la soldado** soldier

**⓬ el conductor, la conductora** driver

❸ **el/la piloto**  pilot

❹ **el granjero, la granjera**  farmer

❺ **el pescador, la pescadora**
fisherman, fisherwoman

❻ **el jefe/la jefa de cocina**  chef

❼ **el arquitecto, la arquitecta**  architect

❽ **el mecánico, la mecánica**  mechanic

❾ **el carpintero, la carpintera**  carpenter

❿ **el peón**  laborer

⓫ **el plomero, la plomera**  plumber

31

❶ **el médico, la médica** doctor

❷ **el enfermero, la enfermera** nurse

❸ **el científico, la científica** scientist

❹ **el ingeniero, la ingeniera** engineer

❺ **el político, la política** politician

❻ **el hombre/la mujer de negocios**
businessman/woman

❼ **el empresario, la empresaria**
entrepreneur

❽ **el abogado, la abogada** lawyer

❾ **el/la juez** judge

❿ **el/la guía** tour guide

**⓫ el/la agente de Bolsa** broker/agent

**⓬ el actor** actor

**⓭ la actriz** actress

**⓮ el/la cantante** singer

**⓯ el peluquero, la peluquera** hairstylist

**⓰ el/la artista** artist

**⓱ el músico, la música** musician

**⓲ el bailarín, la bailarina** dancer

**⓳ el escultor, la escultora** sculptor

**⓴ el/la atleta** athlete

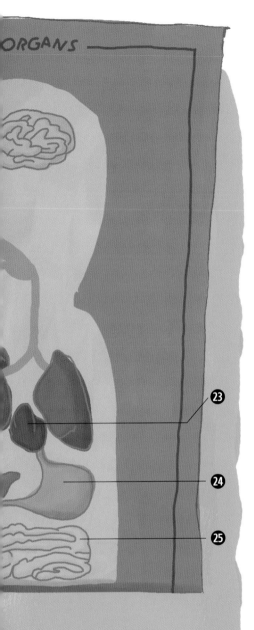

ORGANS

**❶ la cabeza**  head

**❷ la pestaña**  eyelash

**❸ el ojo**  eye

**❹ la mejilla**  cheek

**❺ el cuello**  neck

**❻ la cintura**  waist

**❼ la mano**  hand

**❽ el pie**  foot

**❾ el cabello**  hair

**❿ la frente**  forehead

**⓫ la ceja**  eyebrow

**⓬ la nariz**  nose

**⓭ el diente**  tooth

**⓮ la boca**  mouth

**⓯ la barbilla**  chin

**⓰ el pecho**  chest

**⓱ el vientre**  belly

**⓲ el ombligo**  navel

**⓳ el muslo**  thigh

**⓴ el cerebro**  brain

**㉑ el pulmón**  lung

**㉒ el hígado**  liver

**㉓ el corazón**  heart

**㉔ el estómago**  stomach

**㉕ los intestinos**  intestines

❶ **feliz** happy

❷ **emocionado, -a** excited

❸ **enérgico, -a** energetic

❹ **sorprendido, -a** surprised

❺ **enojado, -a** angry

❻ **avergonzado, -a** embarrassed

**7** **tímido, -a**  shy

**8** **nervioso, -a**  nervous

**9** **sonriente**  smiling

**10** **risueño, -a**  laughing

**11** **lloroso, -a**  crying

**12** **cansado, -a**  tired

**❶ caer sobre la espalda**
to fall flat on (one's) back

**❷ caerse** to fall

**❸ estar de pie** to stand

**❹ arrodillarse** to kneel

**❺ ponerse en cuclillas** to squat

**❻ hacer el pino** to do a handstand

**❼ caminar** to walk

**❽ arrastrarse** to crawl

**❾ saltar**  to jump

**❿ golpear**  to kick

**⓫ sentarse**  to sit

**⓬ acostarse**  to lie down

**⓭ tumbarse boca abajo**  to lie face down

**⓮ llevar algo a cuestas**
to carry (something) on (one's) back

**⓯ estirarse**  to stretch

**❶ el torniquete** turnstile

**❷ los alimentos congelados** frozen foods

**❸ los productos lácteos** dairy products

**❹ las bebidas** beverages

**❺ los alimentos enlatados** canned food

**❻ los alimentos envasados** packaged food

**❼ el pan** bread

**❽ los refrigerios** snacks

**❾ la bolsa de la compra** shopping bag

**❿ la muestra gratuita** free sample

**⓫ la carne** meat

**⓬ los mariscos** seafood

**⓭ la cesta de la compra** basket

**⓮ las verduras** vegetables

**⓯ las frutas** fruit

**⓰ el/la cliente** customer

**⓱ el carrito** shopping cart

**⓲ la caja registradora** cash register

**⓳ el escáner** scanner

**⓴ el cajero, la cajera** cashier

**㉑ la bolsa de plástico** plastic bag

**㉒ el dinero en efectivo** cash

**㉓ el recibo** receipt

**㉔ el cubo de reciclaje** recycling bin

**㉕ la comida de deli** deli food

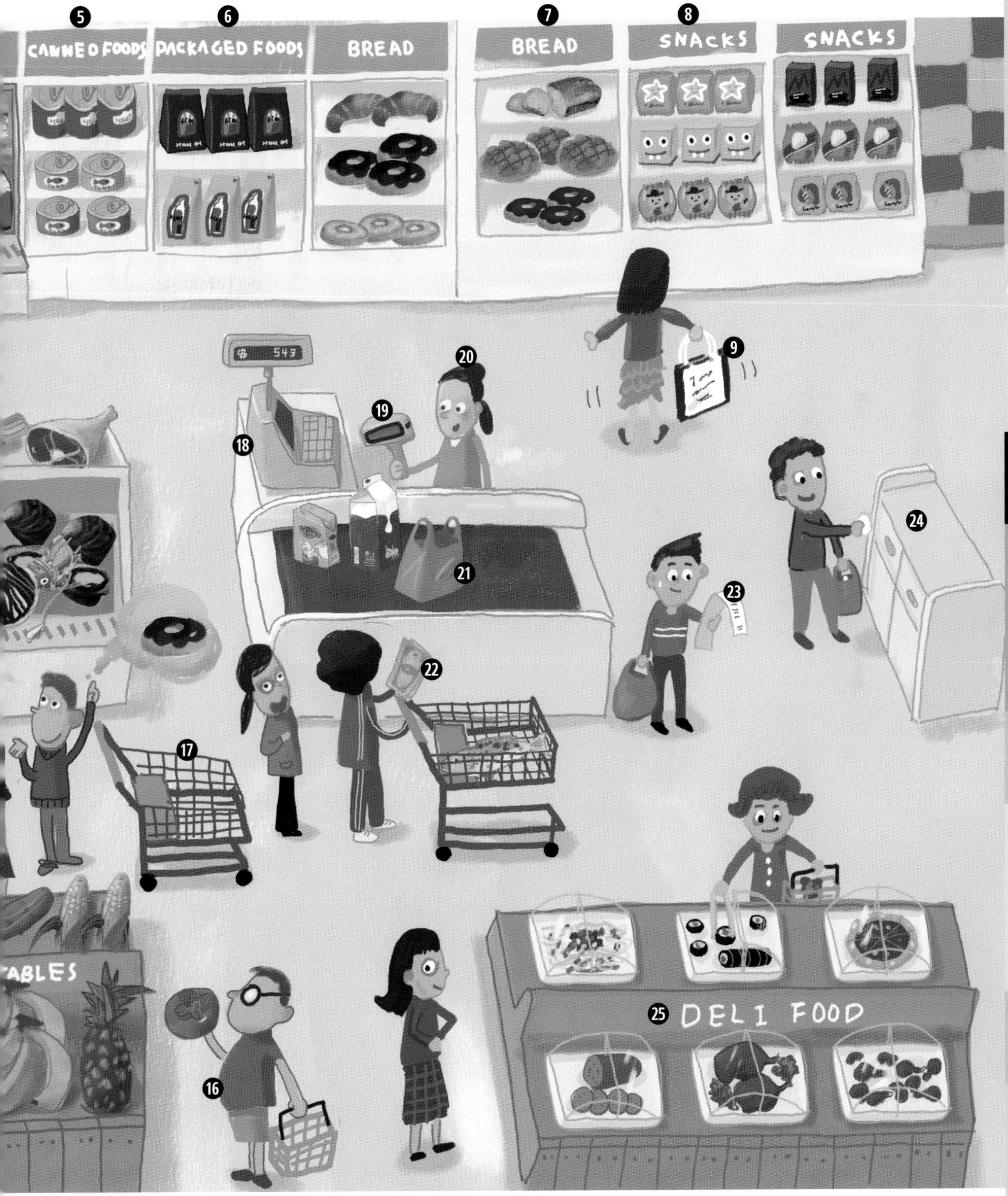
5
6
7
8
CANNED FOODS
PACKAGED FOODS
BREAD
BREAD
SNACKS
SNACKS
9
$ 543
20
19
18
21
24
23
22
17
25 DELI FOOD
16

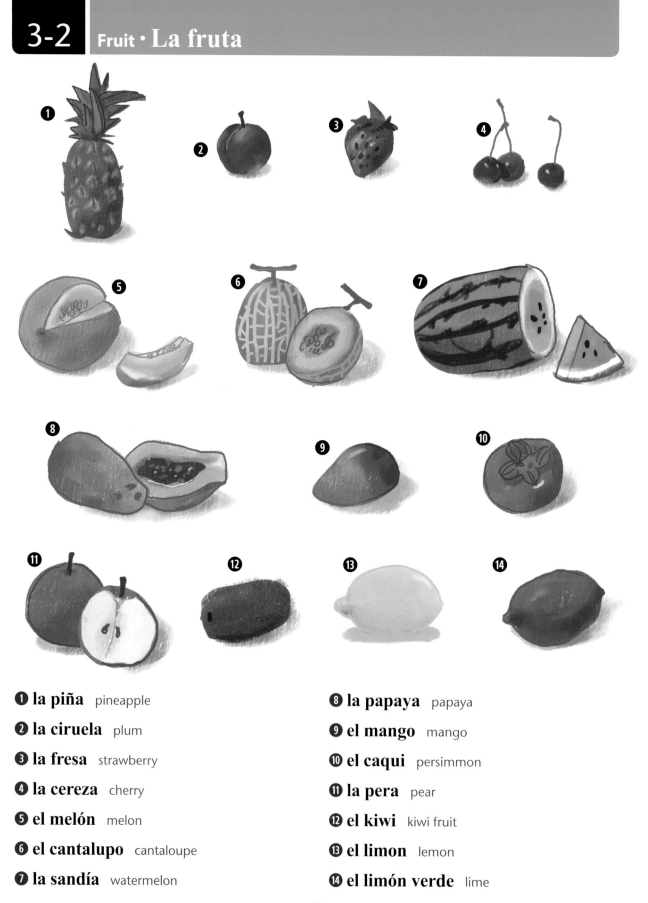

**❶ la piña** pineapple

**❷ la ciruela** plum

**❸ la fresa** strawberry

**❹ la cereza** cherry

**❺ el melón** melon

**❻ el cantalupo** cantaloupe

**❼ la sandía** watermelon

**❽ la papaya** papaya

**❾ el mango** mango

**❿ el caqui** persimmon

**⓫ la pera** pear

**⓬ el kiwi** kiwi fruit

**⓭ el limon** lemon

**⓮ el limón verde** lime

⓯ **la mandarina**  tangerine

⓰ **la naranja**  orange

⓱ **la toronja, el pomelo**  grapefruit

⓲ **las uvas**  grapes

⓳ **la carambola**  star fruit

⓴ **la manzana**  apple

㉑ **el plátano**  banana

㉒ **la guayaba**  guava

㉓ **los arándanos**  cranberries

㉔ **la frambuesa**  raspberry

㉕ **el durazno**  peach

㉖ **el albaricoque**  apricot

㉗ **la granada**  pomegranate

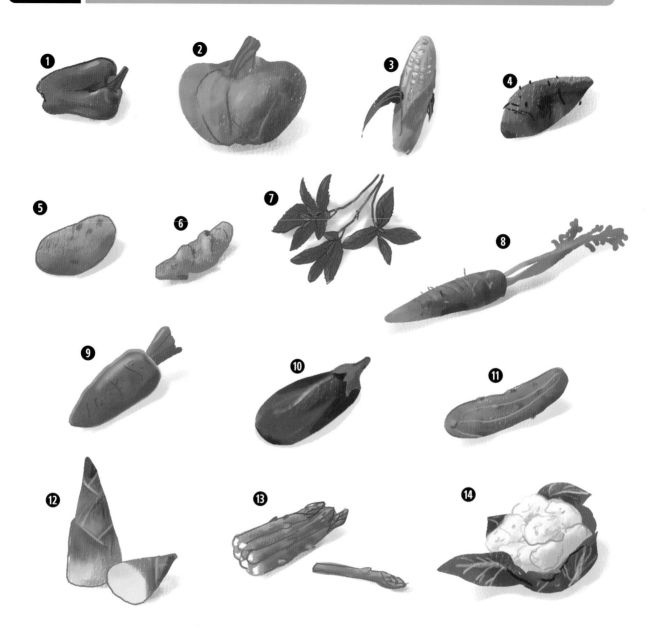

1. **el pimiento verde** green pepper
2. **la calabaza** pumpkin
3. **el maíz** corn
4. **el camote, la batata** sweet potato
5. **la papa, la patata** potato
6. **el jengibre** ginger
7. **la albahaca** basil
8. **la zanahoria** carrot
9. **el rábano** radish
10. **la berenjena** eggplant
11. **el pepino** cucumber
12. **el brote de bambú** bamboo shoot
13. **los espárragos** asparagus
14. **la coliflor** cauliflower

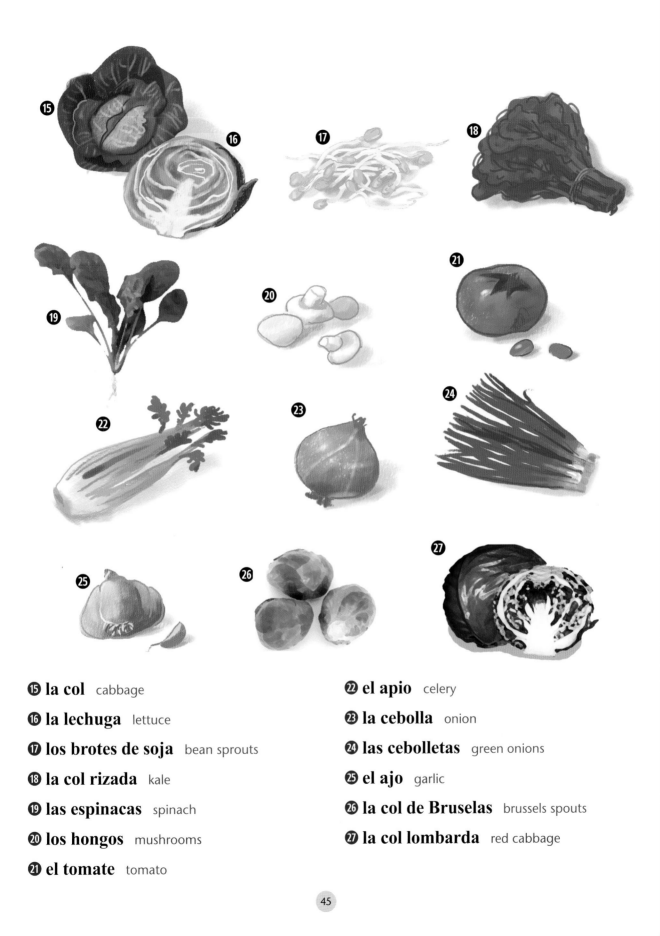

⑮ **la col**  cabbage

⑯ **la lechuga**  lettuce

⑰ **los brotes de soja**  bean sprouts

⑱ **la col rizada**  kale

⑲ **las espinacas**  spinach

⑳ **los hongos**  mushrooms

㉑ **el tomate**  tomato

㉒ **el apio**  celery

㉓ **la cebolla**  onion

㉔ **las cebolletas**  green onions

㉕ **el ajo**  garlic

㉖ **la col de Bruselas**  brussels spouts

㉗ **la col lombarda**  red cabbage

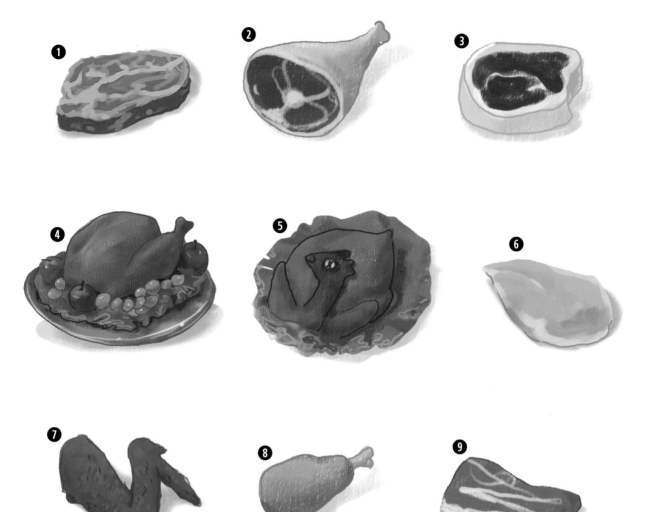

❶ **el cordero**  lamb

❷ **la pierna de cordero**  leg of lamb

❸ **la carne de buey**  beef

❹ **el pavo**  turkey

❺ **la gallina, el pollo**  chicken

❻ **la pechuga de pollo**  chicken breast

❼ **el ala de pollo**  chicken wing

❽ **la pata de pollo**  chicken leg

❾ **la carne de cerdo**  pork

**⑩ la carne picada**  ground meat

**⑪ las costillas**  ribs

**⑫ las albóndigas**  meatballs

**⑬ el tocino**  bacon

**⑭ el jamón**  ham

**⑮ el perrito caliente**  hot dog

**⑯ la salchicha**  sausage

**⑰ el salami**  salami

**⑱ la cecina, el charqui**  jerky

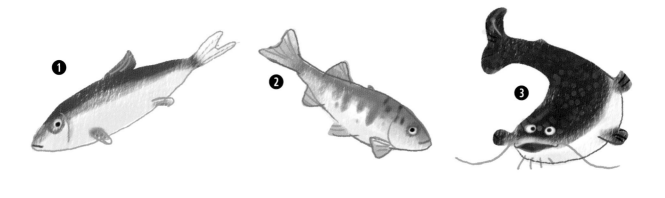

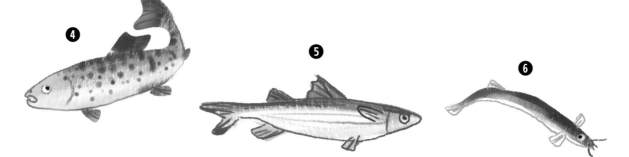

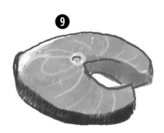

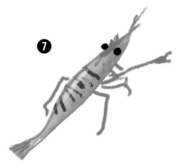

❶ **la sardina** sardine

❷ **la trucha** trout

❸ **el bagre** catfish

❹ **el mero** grouper

❺ **el mújol** gray mullet

❻ **la locha** loach

❼ **el camarón, la gamba** shrimp

❽ **el filete de atún** tuna fillet

❾ **el filete de salmón** salmon fillet

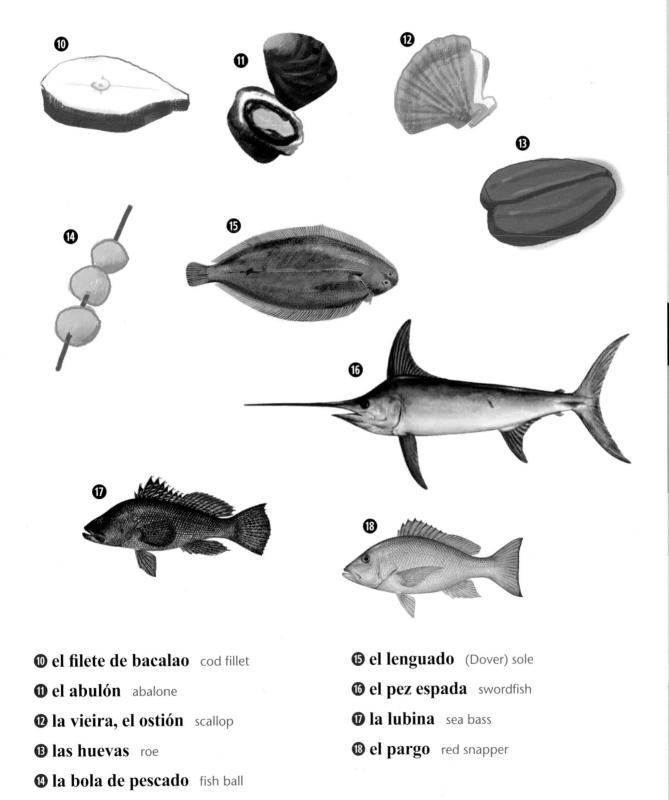

**❿ el filete de bacalao** cod fillet

**⓫ el abulón** abalone

**⓬ la vieira, el ostión** scallop

**⓭ las huevas** roe

**⓮ la bola de pescado** fish ball

**⓯ el lenguado** (Dover) sole

**⓰ el pez espada** swordfish

**⓱ la lubina** sea bass

**⓲ el pargo** red snapper

❶ **la cola** cola

❷ **la soda** soda

❸ **el batido de fruta** smoothie

❹ **el café** coffee

❺ **el chocolate caliente** hot chocolate

❻ **el té helado** iced tea

❼ **el agua mineral** mineral water

❽ **la limonada** lemonade

❾ **el jugo, el zumo** juice

# 3-7 Dairy Products · Los productos lácteos

**❶ la mantequilla**  butter

**❷ la crema**  cream

**❸ el helado**  ice cream

**❹ la paleta helada**  frozen t.

**❺ el queso**  cheese

**❻ el yogur / el yogur para beber / el yogur helado**
yogurt / drinking yogurt / frozen yogurt

**❼ la leche baja en grasa**  low-fat milk

**❽ la leche entera**  whole milk

**❾ el batido de leche**  milk shake

**❶ los pepinillos** pickles

**❷ las servilletas de papel** paper napkins

**❸ la paja** straw

**❹ la bolsita para llevar a casa**
doggie bag

**❺ los panqueques** pancakes

**❻ los "nuggets" de pollo** chicken nugge

**❼ los donuts** doughnuts

**❽ los aros de cebolla** onion rings

**❾ el croissant** croissant

**❿ para llevar** to go

**⓫ el taburete** stool

⑫ **la hamburguesa**  hamburger

⑬ **para tomar aquí**  for here

⑭ **las papas fritas**  french fries

⑮ **la bandeja**  serving tray

⑯ **el bagel**  bagel

⑰ **el pollo frito**  fried chicken

⑱ **los bollos dulces**  muffins

⑲ **el gofre**  waffle

**❶ el camarero** waiter

**❷ el cubo del hielo** ice bucket

**❸ la tetera** teapot

**❹ la cafetera** coffeepot

**❺ la camarera** waitress

**❻ el mantel** tablecloth

**❼ el menú, la carta** menu

**❽ el salero** salt shaker

**❾ la cuenta**  bill

**❿ los palillos de dientes**  toothpicks

**⓫ el mantel individual**  place mat

**⓬ la servilleta**  napkin

**⓭ la recepcionista**  hostess

**⓮ el mostrador**  counter

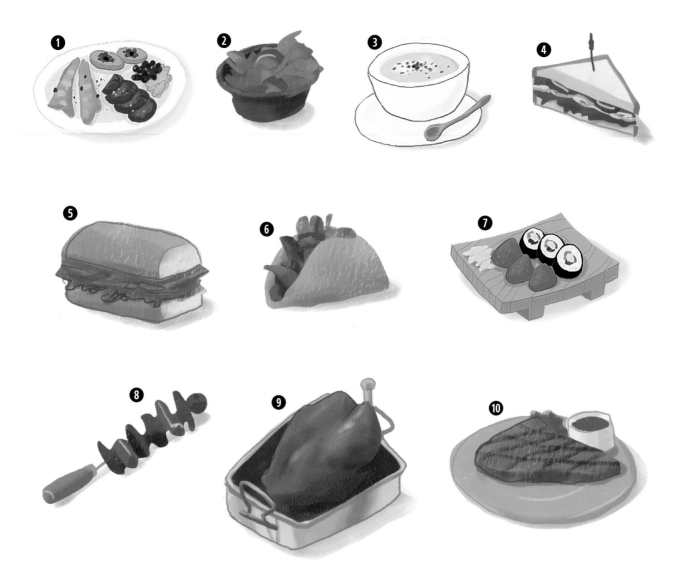

**❶ el aperitivo**  appetizer

**❷ la ensalada**  salad

**❸ la sopa**  soup

**❹ el sándwich**  sandwich

**❺ el sándwich submarino**
submarine sandwich

**❻ el taco**  taco

**❼ el sushi**  sushi

**❽ el pincho moruno**  shish kebab

**❾ el pollo asado**  roast chicken

**❿ el filete**  steak

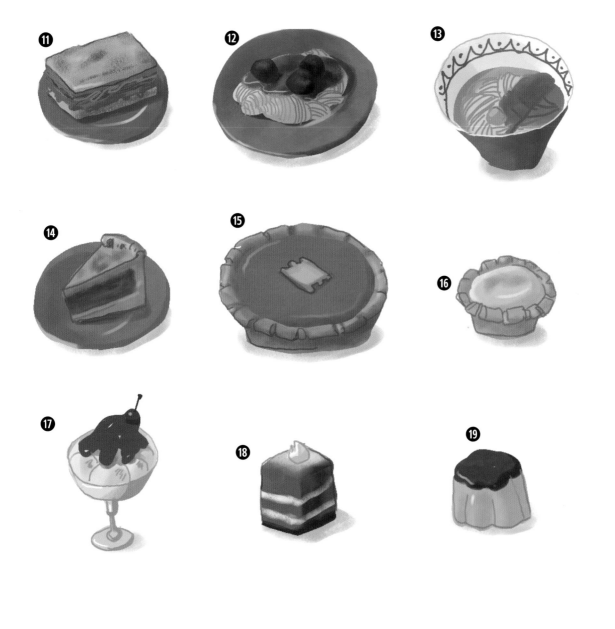

⑪ **la lasaña**  lasagna

⑫ **los espaguetis**  spaghetti

⑬ **la sopa de fideos**  noodle soup

⑭ **la tarta de manzana**  apple pie

⑮ **el pastel de calabaza**  pumpkin pie

⑯ **la tarta de limón**  lemon tart

⑰ **el sundae**  sundae

⑱ **el pastel de chocolate**  chocolate cake

⑲ **el pudín**  pudding

**❶ los palillos**  chopsticks

**❷ el tenedor**  fork

**❸ el tenedor de postre**  dessert fork

**❹ la cuchara**  spoon

**❺ la cucharadita**  teaspoon

**❻ la pala**  stirring paddle

**❼ el cuchillo para filete**  steak knife

**❽ el cuchillo**  dinner knife

**❾ el cuchillo para la mantequilla**
butter knife

**❿ el cuenco**   bowl

**⓫ la fuente**   platter

**⓬ el plato**   plate

**⓭ el platillo**   saucer

**⓮ el vaso para el agua**   water glass

**⓯ el candelero**   candlestick

**⓰ la vela**   candle

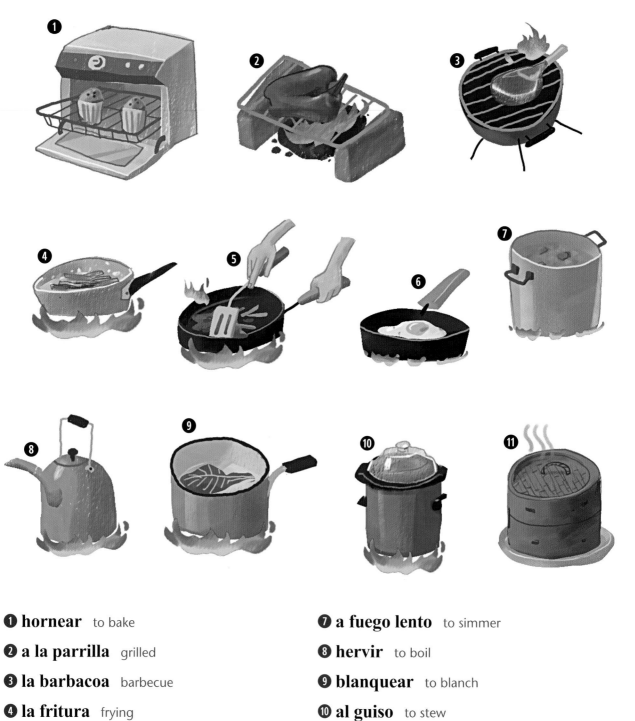

**❶ hornear**  to bake

**❷ a la parrilla**  grilled

**❸ la barbacoa**  barbecue

**❹ la fritura**  frying

**❺ freír en poco aceite**  to stir-fry

**❻ freír**  to fry

**❼ a fuego lento**  to simmer

**❽ hervir**  to boil

**❾ blanquear**  to blanch

**❿ al guiso**  to stew

**⓫ al vapor**  to steam

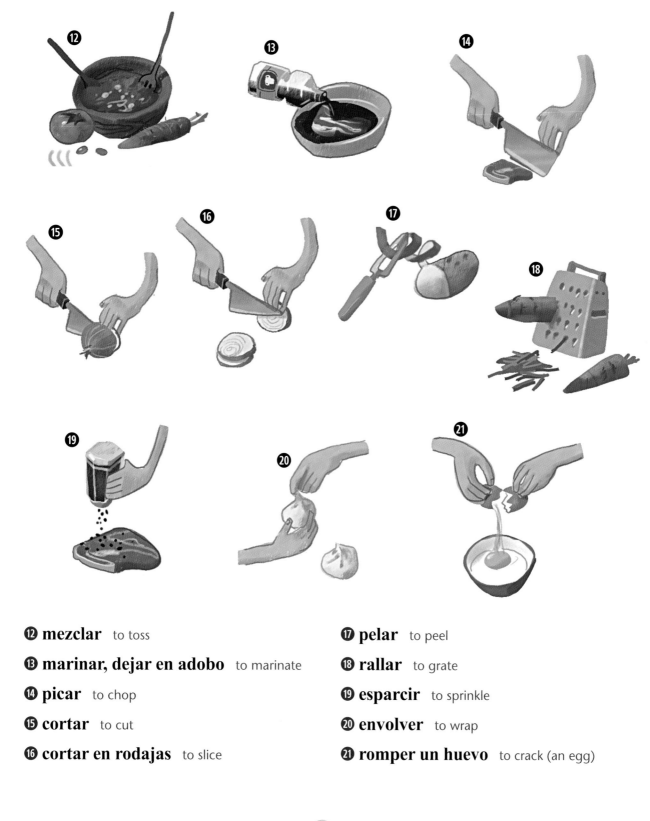

⑫ **mezclar**  to toss

⑬ **marinar, dejar en adobo**  to marinate

⑭ **picar**  to chop

⑮ **cortar**  to cut

⑯ **cortar en rodajas**  to slice

⑰ **pelar**  to peel

⑱ **rallar**  to grate

⑲ **esparcir**  to sprinkle

⑳ **envolver**  to wrap

㉑ **romper un huevo**  to crack (an egg)

**1** **el azúcar moreno**  brown sugar

**2** **la sal**  salt

**3** **la pimienta**  pepper

**4** **el glutamato monosódico**
MSG (monosodium glutamate)

**5** **el vinagre**  vinegar

**6** **el vino**  wine

**7** **el aceite de cocina**  cooking oil

**8** **el aceite de oliva**  olive oil

**9** **la salsa de soja**  soy sauce

**10** **el aceite de sésamo**  sesame oil

⑪ **la maizena**  cornstarch

⑫ **la fécula de patata**  potato starch

⑬ **el curry**  curry

⑭ **el miso**  miso

⑮ **la mostaza**  mustard

⑯ **la salsa de tomate**  ketchup

⑰ **la salsa de chile**  chili sauce

⑱ **el cilantro**  coriander

⑲ **el ají**  chili powder

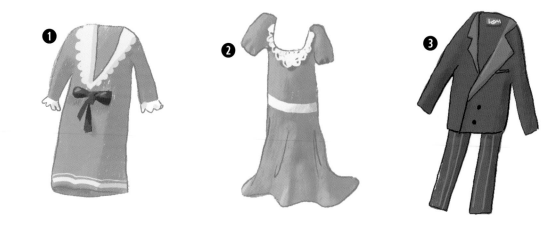

**❶ el vestido** dress

**❷ el vestido de fiesta** gown

**❸ el traje** suit

**❹ la camisa** shirt

**❺ el chaleco** vest

**❻ la camiseta** T-shirt

**❼ la falda** skirt

**❽ los pantalones** pants

**❾ los (pantalones) vaqueros** jeans

**❿ los pantalones cortos** shorts

⓫ **los calzoncillos**  boxers

⓬ **el suéter**  sweater

⓭ **la chaqueta**  jacket

⓮ **la chaqueta de plumón**  down coat

⓯ **la ropa de deporte**  sportswear

⓰ **el uniforme**  uniform

⓱ **el impermeable**  raincoat

⓲ **los pijamas**  pajamas

⓳ **el sostén**  bra

⓴ **la ropa interior**  underwear

❶ **el sombrero** hat

❷ **el pañuelo** bandana

❸ **la cinta para el pelo** hair band

❹ **el pasador** hair clip

❺ **los aretes** earrings

❻ **el velo** veil

❼ **los lentes** eyeglasses

❽ **las gafas de sol** sunglasses

❾ **el bolso** purse

❿ **la cartera** wallet

⓫ **la mochila** backpack

⓬ **la bufanda** scarf

⓭ **el pañuelo de seda** silk scarf

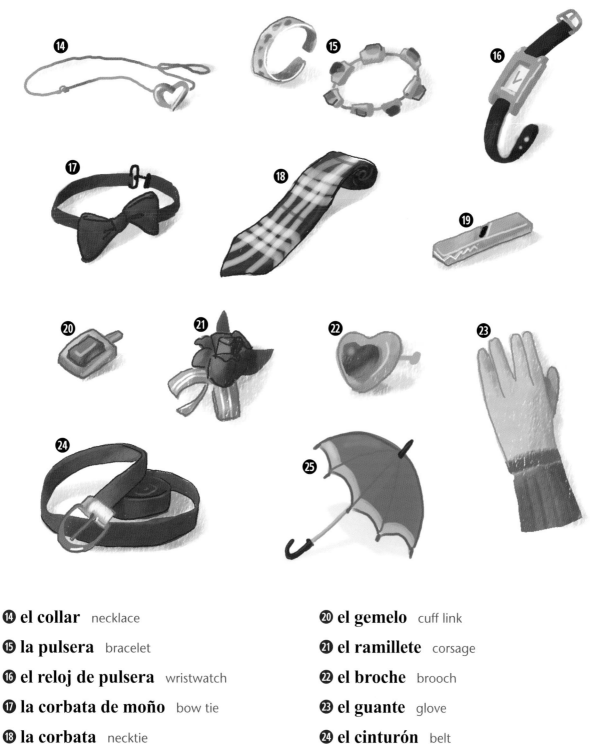

⓮ **el collar** necklace

⓯ **la pulsera** bracelet

⓰ **el reloj de pulsera** wristwatch

⓱ **la corbata de moño** bow tie

⓲ **la corbata** necktie

⓳ **el alfiler de corbata** tie clip

⑳ **el gemelo** cuff link

㉑ **el ramillete** corsage

㉒ **el broche** brooch

㉓ **el guante** glove

㉔ **el cinturón** belt

㉕ **el paraguas** umbrella

**❶ los zapatos**  shoes

**❷ los zapatos de cuero**  leather shoes

**❸ los zapatos de tacón alto**  high heels

**❹ los zapatos de punta**  pointed shoes

**❺ los zapatos de plataforma**
platform shoes

**❻ las botas**  boots

**❼ las zapatillas de tenis**  sneakers

**❽ las sandalias**  sandals

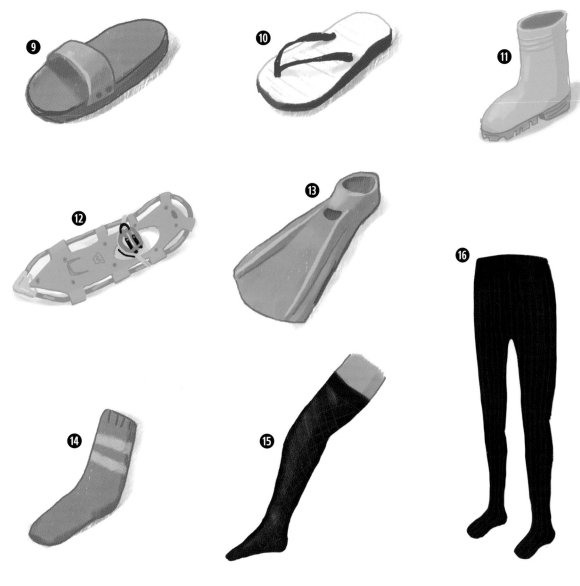

❾ **las zapatillas, las pantuflas**  slippers

❿ **las sandalias de playa**  flip-flops

⓫ **las botas de lluvia**  rain boots

⓬ **las raquetas de nieve**  snowshoes

⓭ **las aletas**  flippers

⓮ **los calcetines**  socks

⓯ **las medias**  stockings

⓰ **las pantimedias**  panty hose

❶ **el almacén** department store

❷ **el bar de karaoke** karaoke bar

❸ **la tienda de electrodomésticos** appliance store

❹ **la tienda** store

❺ **el restaurante** restaurant

❻ **el banco** bank

❼ **el hospital** hospital

❽ **la oficina de correos** post office

❾ **la máquina expendedora** vending machine

❿ **el hotel** hotel

⓫ **el gimnasio** gym

⓬ **la librería** bookstore

**⑬ la tienda de muebles** furniture store

**⑭ el puesto del vendedor callejero** street vendor's stand

**⑮ el club nocturno** nightclub

**⑯ la casa de té** tea house

**⑰ la cafetería** coffee shop

**⑱ la farmacia** pharmacy

**⑲ el cine** movie theater

**⑳ la comisaría de policía** police station

**㉑ la juguetería** toy store

**㉒ la panadería** bakery

**㉓ el salón de belleza** beauty salon

**㉔ la deli** delicatessen

**㉕ la boca de incendio** fire hydrant

❶ **el cartero**   letter carrier

❷ **el buzón**   mailbox

❸ **el paquete**   package

❹ **el correo urgente**   express mail

❺ **la carta**   letter

❻ **la dirección del remitente**
return address

❼ **el matasellos**   postmark

❽ **el sobre**   envelope

❾ **el sello**   stamp

❿ **el correo certificado**   registered mail

⓫ **la dirección del recipiente**
recipient's address

⓬ **el código postal**   zip code

⓭ **el correo aéreo**  airmail

⓮ **el correo marítimo**  maritime mail

⓯ **la tarjeta postal**  postcard

⓰ **el diario, el periódico**  newspaper

⓱ **el e-mail, el correo electrónico**  e-mail

❶ **la comisaría de policía**   police station

❷ **la policía no uniformado**
plainclothes officer

❸ **el oficial de tráfico**   traffic officer

❹ **la gorra de policía**   police cap

❺ **el silbato**   whistle

❻ **la insignia**   patch

❼ **la chapa**   badge

❽ **la pistola**   gun

❾ **el cinturón oficial**   duty belt

❿ **la porra**   police baton

**⓫ las esposas** handcuffs

**⓬ el ladrón** thief

**⓭ el oficial de patrulla** patrol officer

**⓮ el perro policía** police dog

**⓯ la motocicleta de la policía**
police motorcycle

**⓰ el coche-patrulla** patrol car

**⓱ llamar a la policía** to call the police

**⓲ el informe escrito** written report

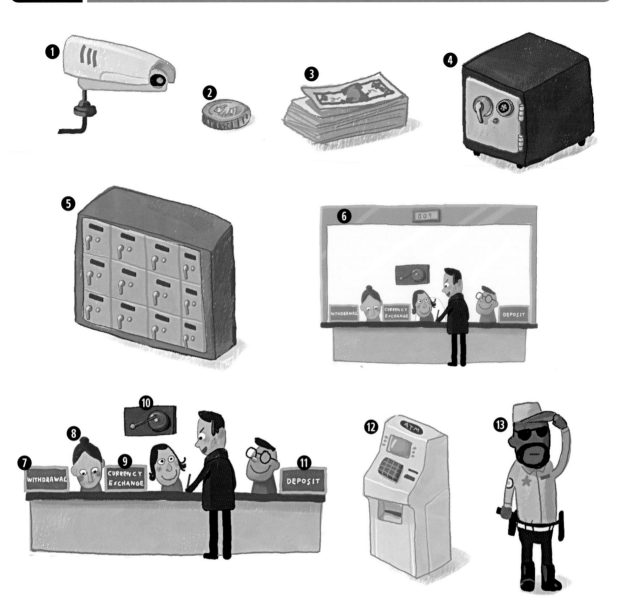

**❶ la cámara de seguridad**
security camera

**❷ la moneda**   coin

**❸ el billete**   bill

**❹ la caja fuerte**   safe

**❺ la caja de seguridad**   safe-deposit box

**❻ la ventanilla**   counter

**❼ la retirada**   withdrawal

**❽ la cajera**   teller

**❾ el cambio de devisas**   currency exchange

**❿ la alarma**   alarm

**⓫ el depósito**   deposit

**⓬ el cajero automático**   ATM

**⓭ el guardia de seguridad**   security guard

Section 6 Around Town

Section 7 Transportation

Section 8 Air Travel

Section 9 Leisure & Entertainment

Section 10 At the Hospital

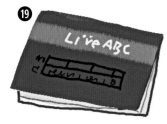

**⑭ el camión blindado** armored truck

**⑮ las acciones** stock

**⑯ el giro postal** money order

**⑰ el cheque** check

**⑱ el cheque de viajero** traveler's check

**⑲ la libreta de depósitos** passbook

**⑳ la tarjeta ATM** ATM card

**㉑ la tarjeta de crédito** credit card

**㉒ el carnet de identidad** I.D. card

**㉓ el permiso de residencia** residence permit

**㉔ el sello oficial** official seal

**㉕ la firma** signature

**❶ el ascensor** elevator

**❷ la vitrina** display counter

**❸ la dependienta** salesclerk

**❹ el departamento de señoras**
women's department

**❺ el departamento de lencería**
lingerie department

**❻ el departamento de objetos perdidos**
lost-and-found department

**❼ la escalera mecánica** escalator

**❽ el departamento de electrodomésticos**
household appliances department

**❾ el departamento de aparatos electrónicos para el hogar**
home electronics department

**❿ el departamento de muebles**
home furnishing department

**⓫ el departamento de adolescentes**
teen department

**⓬ el departamento de artículos deportivos**
sporting-goods department

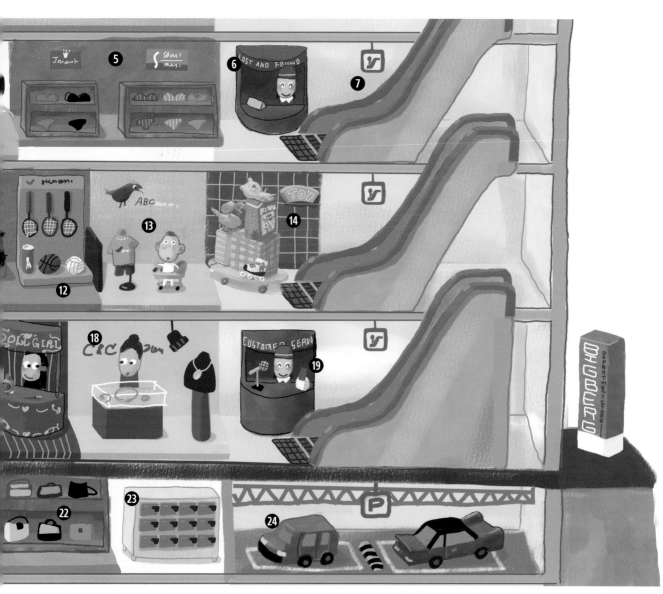

⑬ **el departamento de niños**
children's department

⑭ **el departamento de juguetes**
toy department

⑮ **el departamento de caballeros**
men's department

⑯ **información**  information desk

⑰ **el departamento de cosméticos**
cosmetics department

⑱ **el departamento de joyería**
jewelry department

⑲ **atención al cliente**  customer service center

⑳ **el departamento de zapatos**
shoe department

㉑ **los restaurantes**  food court

㉒ **el departamento de artículos de cuero**
leather goods department

㉓ **los armarios**  lockers

㉔ **el aparcamiento subterráneo**
underground parking garage

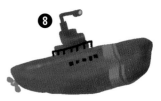

❶ **el jumbo**   jumbo jet

❷ **el helicóptero**   helicopter

❸ **el biplano**   biplane

❹ **el globo aerostático**   hot-air balloon

❺ **el teleférico**   cable car

❻ **el transatlántico**   ocean liner

❼ **el velero**   sailboat

❽ **el submarino**   submarine

❾ **el transbordador**   ferry

❿ **el portacontenedores**   container ship

⓫ **la lancha de motor**   motorboat

⓬ **el sédan**   sedan

⓭ **el taxi**   taxi

⓮ **el autocar**   tour bus

**⓯ el autobús de dos pisos**
double-decker bus

**⓰ el monocarril**  monorail

**⓱ el tren**  train

**⓲ el metro**  subway

**⓳ la bicicleta**  bicycle

**⓴ la carruaje tirado por caballos**
horse-drawn carriage

**㉑ el escúter**  scooter

**㉒ el coche de bomberos**  fire engine

**㉓ la hormigonera**  cement mixer

**㉔ el petrolero**  tanker

**㉕ el camión**  truck

**㉖ el bulldozer**  bulldozer

**㉗ la grúa**  crane

**㉘ el camión de la basura**  garbage truck

❶ **el parque**   park

❷ **el puente peatonal**   pedestrian bridge

❸ **la esquina**   corner

❹ **la señal**   street sign

❺ **la boca de metro**   subway entrance

❻ **la calle**   road

❼ **la acera**   sidewalk

❽ **la parada de autobús**   bus stop

❾ **la gasolinera**   gas station

❿ **la autopista**   freeway

⓫ **la intersección**   intersection

⓬ **el paso de peatones**   crosswalk

⓭ **el farol**   streetlight

⓮ **el semáforo**   traffic light

⓯ **la arcada**   arcade

⓰ **el pasaje subterráneo**   underpass

⓱ **el bordillo**   curb

⓲ **el aparcamiento**   parking space

1. **el lavabo**  lavatory
2. **la auxiliar de vuelo**  flight attendant
3. **la salida de emergencia**  emergency exit
4. **la persiana**  window blind
5. **la bandeja**  tray
6. **el bolsillo de asiento**  seat pocket

7. **el chaleco salvavidas**  life preserver
8. **el compartimiento superior**  overhead compartment
9. **el asiento de ventana**  window seat
10. **el asiento de pasillo**  aisle seat
11. **el cinturón de seguridad**  seat belt

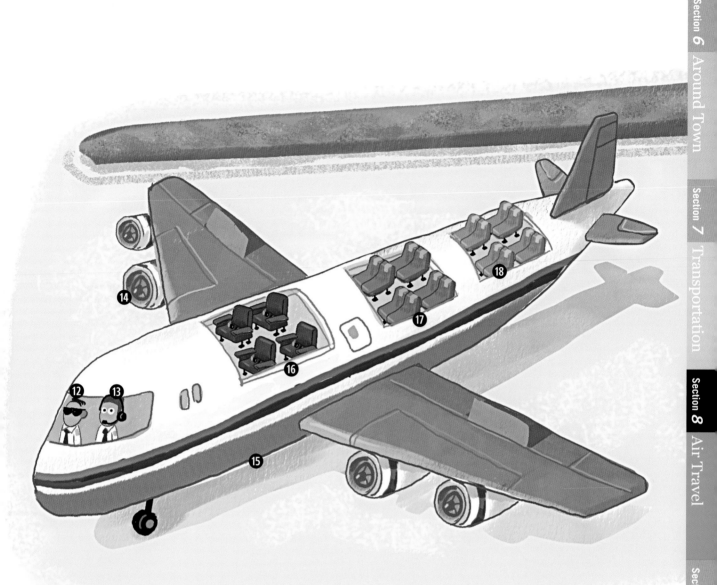

**⑫ el copiloto**  copilot

**⑬ el capitán**  captain

**⑭ el motor de reacción**  jet engine

**⑮ el fuselaje**  fuselage

**⑯ primera clase**  first class

**⑰ clase "business"**  business class

**⑱ clase turista**  economy class

**❶ el terminal** terminal

**❷ el cambio de divisas** currency exchange

**❸ la ventanilla de seguros**
insurance counter

**❹ el mostrador de facturación**
check-in counter

**❺ el aterrizaje** landing

**❻ el avión** airplane

**❼ el pasajero** passenger

**❽ la representante de la aerolínea**
airline representative

**❾ el mostrador de la aerolínea**
airline service counter

**❿ el equipaje** luggage

**⓫ la carretilla para equipaje** luggage cart

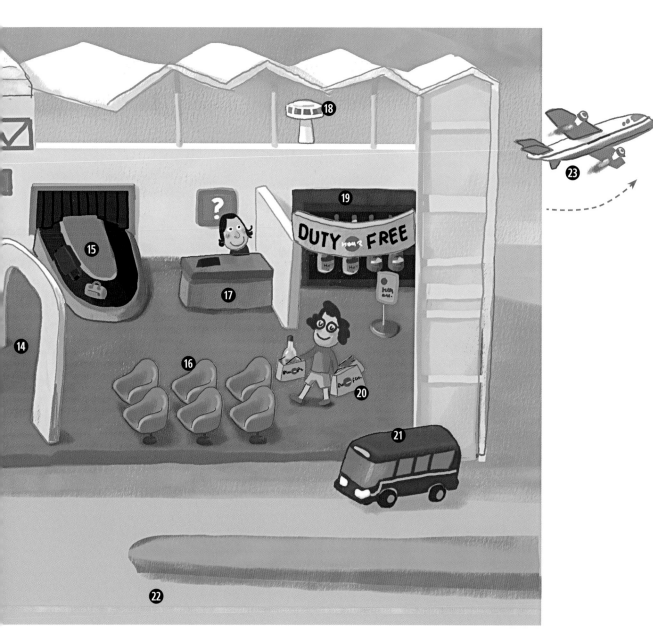

**⑫ el maletero**  skycap

**⑬ la aduana**  customs

**⑭ la inmigración**  immigration

**⑮ el carrusel de equipaje**
luggage carousel

**⑯ la sección de salidas**  departure lobby

**⑰ información**  information desk

**⑱ la torre de control**  control tower

**⑲ la tienda libre de impuestos**
duty-free shop

**⑳ el artículo libre de impuestos**
duty-free item

**㉑ el autobús de enlace**  shuttle bus

**㉒ la pista**  runway

**㉓ el despegue**  takeoff

**❶ jugar al ajedrez** to play chess

**❷ jugar a las damas chinas**
to play Chinese checkers

**❸ jugar a las cartas** to play cards

**❹ jugar mahjong** to play mahjong

**❺ la pintura** painting

**❻ la escultura** sculpting

**❼ el baile** dancing

**❽ el senderismo** hiking

**❾ el montañismo** mountain climbing

**❿ ir de cámping** camping

**⓫ la pesca** fishing

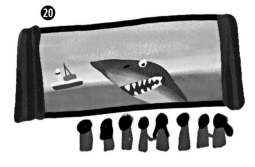

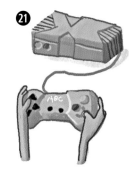

⑫ **la jardinería**  gardening

⑬ **la ornitología**  bird-watching

⑭ **cantar karaoke**  singing karaoke

⑮ **ir de compras**  window shopping

⑯ **la fotografía**  photography

⑰ **la lectura**  reading

⑱ **escuchar música**  listening to music

⑲ **mirar la televisión**  watching TV

⑳ **ver películas**  watching movies

㉑ **jugar videojuegos**  playing video games

㉒ **navegar por Internet**
surfing the Internet

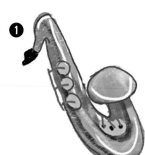

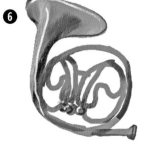

❶ **el saxófono**  saxophone

❷ **la flauta**  flute

❸ **el clarinete**  clarinet

❹ **el oboe**  oboe

❺ **el trombón**  trombone

❻ **el corno francés**  French horn

❼ **la trompeta**  trumpet

❽ **la tuba**  tuba

❾ **la armónica**  harmonica

❿ **la guitarra**  guitar

**⓫ la guitarra eléctrica**  electric guitar

**⓬ el arpa**  harp

**⓭ el violín**  violin

**⓮ el violonchelo**  cello

**⓯ el piano**  piano

**⓰ el teclado eléctrico**  electric keyboard

**⓱ el acordeón**  accordion

**⓲ la pandereta**  tambourine

**⓳ el tambor**  drum

**⓴ el xilófono**  xylophone

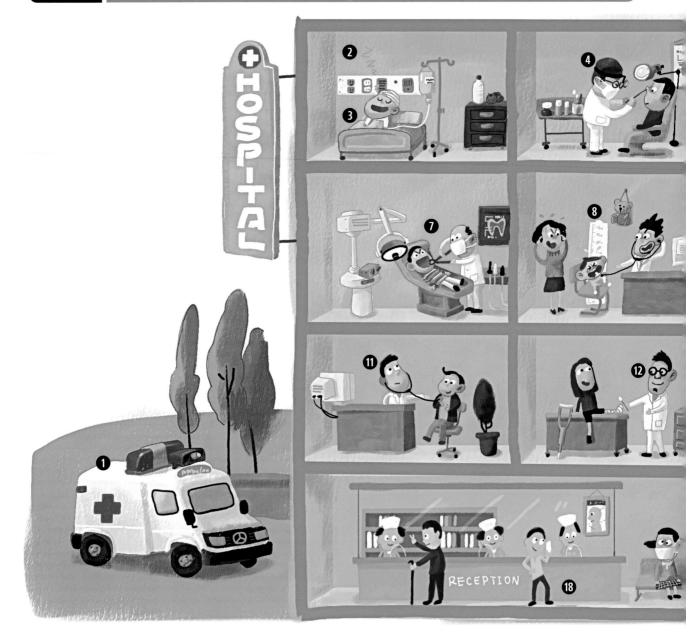

**❶ la ambulancia**  ambulance

**❷ la sala**  ward

**❸ el paciente**  patient

**❹ el otorrinolaringólogo**
ear, nose, and throat doctor

**❺ el quirófano**  operating room

**❻ la UCI**  ICU

**❼ el dentista**  dentist

**❽ el pediatra**  pediatrician

**❾ el obstetra**  obstetrician

**❿ la oftalmóloga**  ophthalmologist

**⓫ el especialista en medicina interna**
internal medicine specialist

**⓬ el cirujano**  surgeon

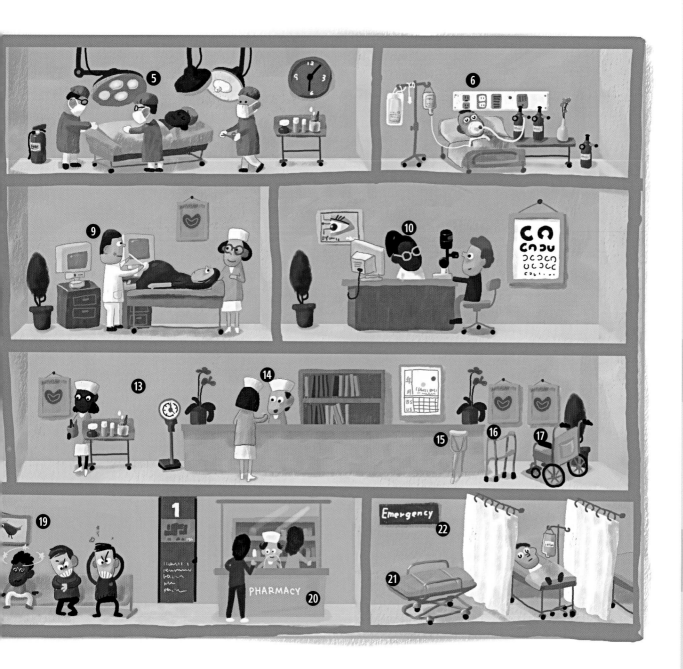

⑬ **el puesto de enfermeras**  nurses' station

⑭ **la enfermera**  nurse

⑮ **la muleta**  crutch

⑯ **el andador**  walker

⑰ **la silla de ruedas**  wheelchair

⑱ **la recepción**  reception

⑲ **la sala de espera**  waiting room

⑳ **la farmacia**  pharmacy

㉑ **la camilla**  stretcher

㉒ **la sala de emergencia**  emergency room

**❶ la escuela primaria** elementary school

**❷ el jardín de la infancia** kindergarten

**❸ la escuela secundaria superior**
senior high school

**❹ la escuela secundaria**
junior high school

**❺ la universidad** university

**❻ la licenciatura** bachelor's degree

**❼ el masters** master's degree

**❽ el doctorado** doctorate

**❾ la escuela de posgrado** graduate school

**❿ la academia de idiomas**
language academy

## Additional Information: School-Related Vocabulary

1. **la escuela pública**   public school
2. **el colegio privado**   private school
3. **el director, la directora**   principal
4. **el administrador, la administradora**   director
5. **el decano, la decana**   dean
6. **el presidente, la presidenta**   chairman
7. **el erudito, la erudita**   scholar
8. **el antiguo alumno, la antigua alumna**   alumnus
9. **el/la estudiante de primer año**   freshman
10. **el grado**   grade

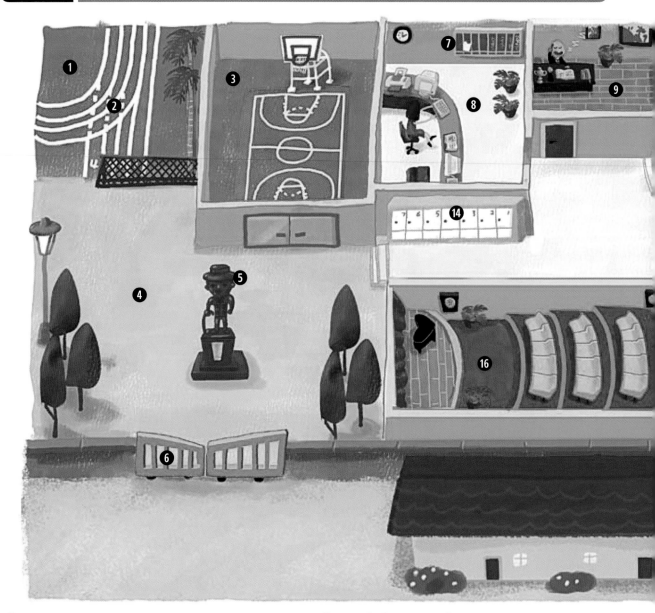

**❶ el campo** field

**❷ la pista** track

**❸ la cancha de baloncesto** basketball court

**❹ el patio de recreo** schoolyard

**❺ la estatua de bronce** bronze statue

**❻ la verja del colegio** school gate

**❼ el tablón de anuncios** bulletin board

**❽ la oficina** office

**❾ la oficina del director** principal's office

**❿ el baño** restroom

**⓫ el aula** classroom

**⓬ el laboratorio de idiomas** language lab

**⓭ el laboratorio de química** chemistry lab

**⓮ los armarios** lockers

**⓯ el pasillo** hallway

**⓰ el auditorio** auditorium

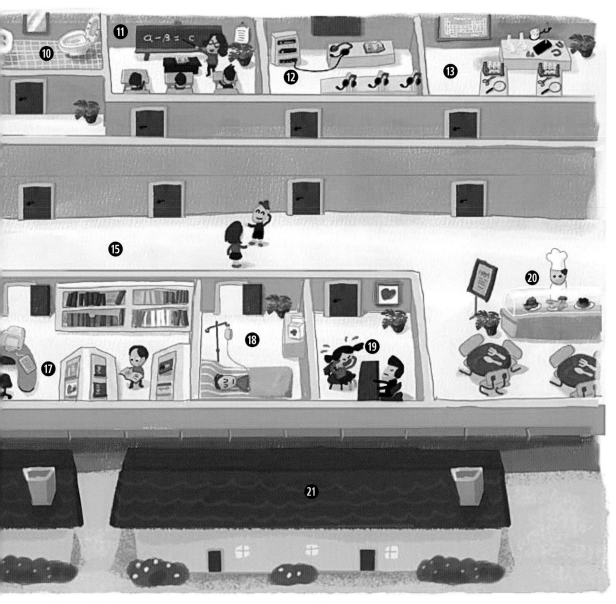

**⑰ la biblioteca**  library

**⑱ el consultorio de la enfermera**
nurse's office

**⑲ la oficina del consejero**  guidance counselor's office

**⑳ la cafetería**  cafeteria

**㉑ la residencia de estudiantes**  dormitory

---

### Additional Information: Sporting Venues

1. **el campo de béisbol**  baseball field

2. **el campo de fútbol**
football field/soccer field

3. **la bolera**  bowling alley

4. **la cancha de tenis**  tennis court

5. **el campo de golf**  golf course

6. **la cancha de bádminton**  badminton court

7. **el gimnasio**  gym

## Part I   Courses · Las asignaturas

**❶ el horario**   timetable

**❷ el tema**   subject

**❸ el chino**   Chinese

**❹ el inglés**   English

**❺ el japonés**   Japanese

**❻ la lengua extranjera**
   foreign language

**❼ la lingüística**   linguistics

**❽ la filosofía**   philosophy

**❾ la literatura**   literature

**❿ las matemáticas**   math

**⓫ la economía**   economics

**⓬ los negocios**   business

**⓭ la ingeniería**   engineering

**⓮ la arquitectura**   architecture

**⓯ la geografía**   geography

**⓰ la historia**   history

**⓱ la astronomía**   astronomy

**⓲ la física**   physics

**⓳ la química**   chemistry

**⓴ la biología**   biology

**㉑ la medicina**   medicine

**㉒ el derecho**   law

**㉓ las ciencias políticas**   political science

**㉔ la sociología**   sociology

**㉕ la música**   music

**㉖ la educación física**   physical education

## Part II  Campus Life · La vida en el campus

**❶ el semestre**  semester

**❷ la tarea**  homework

**❸ el ensayo**  essay

**❹ el examen**  exam

**❺ la prueba mensual**  monthly test

**❻ el examen parcial**  midterm

**❼ el examen final**  final exam

**❽ la presentación oral**
oral presentation

**❾ la discusión en grupo**
group discussion

**❿ el dictado**  dictation

**⓫ hacer trampa**  to cheat

**⓬ suspender**  to fail

**⓭ la beca**  scholarship

**⓮ la actividad extracurricular**
club activity

**⓯ el trabajo de media jornada**
part-time job

**⓰ la graduación**  graduation

❶ **la pizarra**   chalkboard

❷ **la tiza**   chalk

❸ **el borrador**   eraser

❹ **la plataforma**   platform

❺ **la goma**   (pencil) eraser

❻ **el tapete de mesa**   desk mat

❼ **el estuche**   pencil case

❽ **el micrófono**   microphone

❾ **el proyector**   projector

❿ **el libro de texto**   textbook

⓫ **el escritorio**   desk

⓬ **la silla**   chair

⓭ **el globo terráqueo**   globe

⓮ **el mapa**   map

⓯ **la estantería**   bookrack

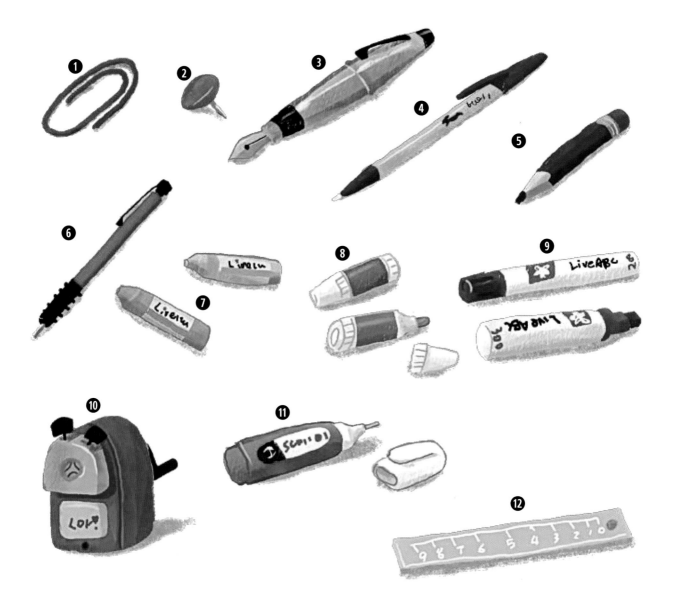

**❶ el sujetapapeles**  paperclip

**❷ el chinche**  thumbtack

**❸ la pluma estilográfica**  fountain pen

**❹ el bolígrafo**  ballpoint pen

**❺ el lápiz**  pencil

**❻ el portaminas**  mechanical pencil

**❼ el lápiz de color**  crayon

**❽ el rotulador de color**  color pen

**❾ el marcador**  marker

**❿ el sacapuntas**  pencil sharpener

**⓫ el líquido corrector**  white-out

**⓬ la regla**  ruler

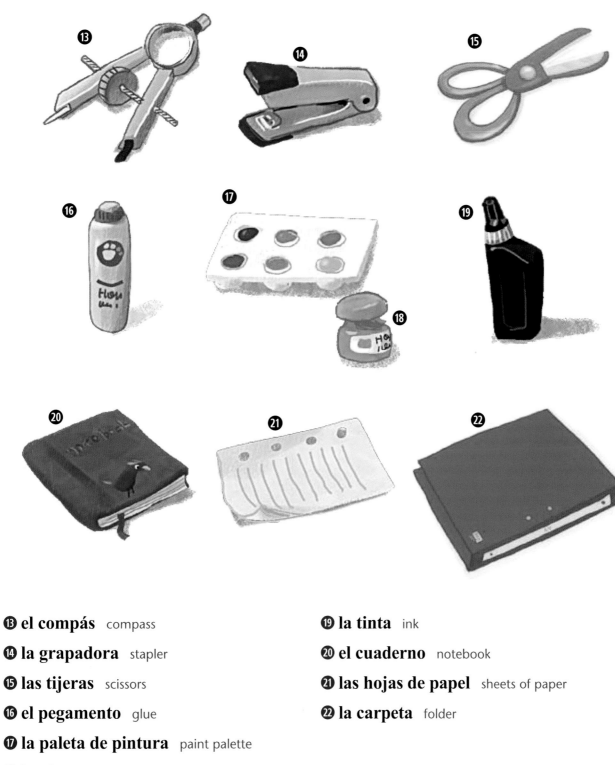

❸ **el compás**  compass

❹ **la grapadora**  stapler

❺ **las tijeras**  scissors

❻ **el pegamento**  glue

❼ **la paleta de pintura**  paint palette

❽ **la pintura**  paint

❾ **la tinta**  ink

⓴ **el cuaderno**  notebook

㉑ **las hojas de papel**  sheets of paper

㉒ **la carpeta**  folder

❶ **rojo**  red

❷ **rosado**  pink

❸ **anaranjado**  orange

❹ **amarillo**  yellow

❺ **verde**  green

❻ **azul**  blue

❼ **morado**  purple

❽ **marrón**  brown

❾ **negro**  black

❿ **blanco**  white

⓫ **gris**  gray

⓬ **blanco cremoso**  creamy white

⓭ **plateado**  silver

⓮ **dorado**  gold

⓯ **oscuro**  dark

⓰ **claro**  light

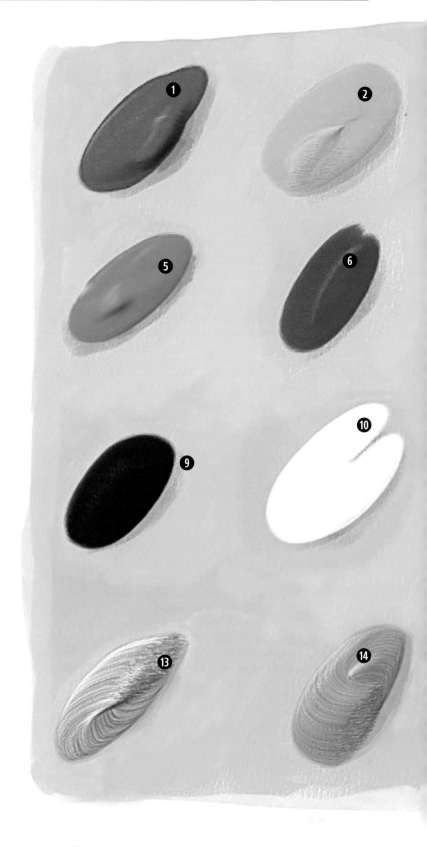

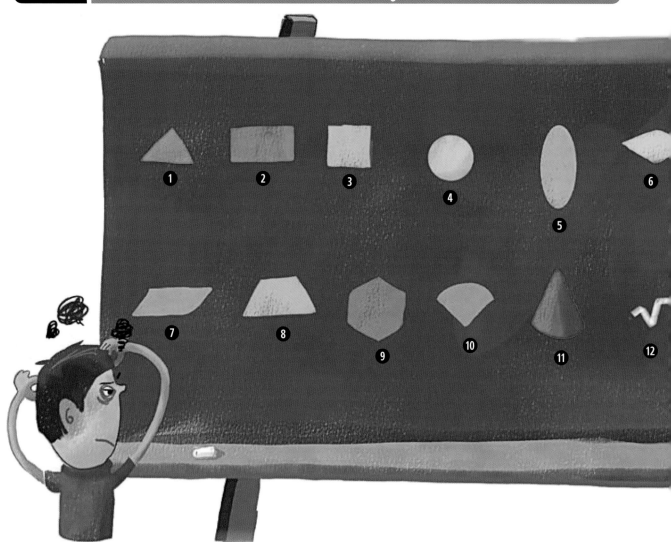

**❶ el triángulo**  triangle

**❷ el rectángulo**  rectangle

**❸ el cuadrado**  square

**❹ el círculo**  circle

**❺ el óvalo**  oval

**❻ el rombo**  diamond

**❼ el paralelogramo**  parallelogram

**❽ el trapezoide**  trapezoid

**❾ el polígono**  polygon

**❿ el sector**  sector

**⓫ el cono**  cone

**⓬ el símbolo de raíz cuadrada**
square root symbol

**⓭ el signo de más**  plus sign

**⓮ el signo de menos**  minus sign

**⓯ el signo de multiplicar**  multiplication sign

**⓰ el signo de división**  division sign

**⓱ el signo mayor que**  greater than sign

**⓲ el signo menos que**  less than sign

**⓳ el signo de igualdad**  equals sign

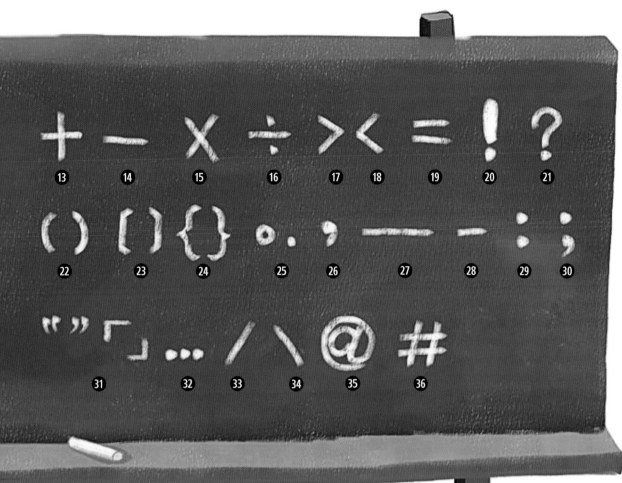

**⑳ el signo de admiración**
exclamation mark

**㉑ el signo de interrogación**
question mark

**㉒ el paréntesis** parentheses

**㉓ los corchetes** brackets

**㉔ las llaves** braces

**㉕ el punto** period

**㉖ la coma** comma

**㉗ el guión largo** dash

**㉘ el guión** hyphen

**㉙ dos puntos** colon

**㉚ el punto y coma** semicolon

**㉛ las comillas** quotation marks

**㉜ los puntos suspensivos** ellipsis

**㉝ la barra oblicua** slash

**㉞ la barra invertida** backslash

**㉟ la arroba** at symbol

**㊱ el signo de número** pound sign

**❶ el paracaidismo**  skydiving

**❷ el ala delta**  hang gliding

**❸ los paseos en bote**  boating

**❹ el rafting**  white-water rafting

**❺ la natación**  swimming

**❻ el patinaje artístico**  figure skating

**❼ el patinaje sobre hielo**  ice-skating

**❽ el patinaje sobre ruedas**  roller skating

**❾ el patinaje en línea**  in-line skating

**⑩ el tiro al arco**  archery

**⑪ el jogging**  jogging

**⑫ el ciclismo**  cycling

**⑬ la equitación**  horseback riding

**⑭ subir en monopatín**  skateboarding

**⑮ el snowboard**  snowboarding

**⑯ el esquí**  skiing

**⑰ la escalada en roca**  rock climbing

**❶ los bolos** bowling

**❷ el baloncesto** basketball

**❸ el balonmano** handball

**❹ el béisbol** baseball

**❺ el balón prisionero** dodgeball

**❻ el golf** golf

**❼ el tenis** tennis

**❽ el softball** softball

**❾ el tenis de mesa** table tennis

**❿ el hockey sobre hielo** ice hockey

**⓫ el hockey sobre hierba**  field hockey

**⓬ el fútbol**  soccer

**⓭ el fútbol americano**
American football

**⓮ el juego de croquet**  croquet

**⓯ los billares**  pool

**⓰ el vóleibol**  volleyball

**⓱ el bádminton**  badminton

**⓲ el críquet**  cricket

**⓳ el squash**  squash

❶ **nadar estilo perrito**  dog paddle

❷ **nadar a braza**  breaststroke

❸ **el estilo libre, el crol**  freestyle

❹ **nadar de espaldas**  backstroke

❺ **estilo mariposa**  butterfly stroke

❻ **nadar de costado**  sidestroke

❼ **tirarse (al agua)**  to dive

❽ **la natación sincronizada**
synchronized swimming

**❾ el esquí acuático**   waterskiing

**❿ el surf**   surfing

**⓫ el kickboarding**   kickboarding

**⓬ el windsurf**   windsurfing

**⓭ el motociclismo acuático**   jet skiing

**⓮ bucear con esnórkel**   snorkeling

**⓯ el buceo**   scuba diving

**❶ el lanzamiento de martillo**
hammer throw

**❷ el lanzamiento de disco**
discus throw

**❸ el lanzamiento de peso** shot put

**❹ el salto de longitud** long jump

**❺ el salto de altura** high jump

**❻ el triple salto** triple jump

**❼ el salto de vallas** hurdles

**❽ el salto con pértiga** pole vault

**❾ el lanzamiento de jabalina**
javelin throw

**❿ la carrera de obstáculos**
steeplechase

**⓫ el maratón**   marathon

**⓬ la carrera de relevos**   relay race

**⓭ la carrera de velocidad**   sprint

**⓮ la carrera de cien metros**
hundred-meter dash

**⓯ la pista**   track

**❶ el ratón** mouse

**❷ la ardilla** squirrel

**❸ el canguro** kangaroo

**❹ la serpiente** snake

**❺ el perro** dog

**❻ el gato** cat

**❼ el conejo** rabbit

**❽ el cerdo** pig

**❾ el mono** monkey

**❿ el koala** koala

**⓫ la cabra** goat

**⓬ la oveja** sheep

**⓭ la vaca** cow

**⓮ el caballo** horse

**⓯ la cebra** zebra

**16** **el camello**  camel

**17** **el burro**  donkey

**18** **el venado**  deer

**19** **la jirafa**  giraffe

**20** **el lobo**  wolf

**21** **el zorro**  fox

**22** **el rinoceronte**  rhinoceros

**23** **el hipopótamo**  hippopotamus

**24** **el oso panda**  panda

**25** **el oso pardo**  brown bear

**26** **el león**  lion

**27** **el tigre**  tiger

**28** **el elefante**  elephant

**29** **el oso polar**  polar bear

**❶ la mosca**  fly

**❷ el mosquito**  mosquito

**❸ la abeja**  bee

**❹ la libélula**  dragonfly

**❺ la mariposa**  butterfly

**❻ la polilla**  moth

**❼ la cigarra**  cicada

**❽ la cucaracha**  cockroach

**❾ el grillo**  cricket

**❿ la araña**  spider

**⓫ la melolonta**  scarab beetle/June bug

**⓬ la mariquita**  ladybug

**⓭ la luciérnaga**  firefly

**⓮ el saltamontes**  grasshopper

⑮ **la mantis religiosa**   praying mantis

⑯ **el escarabajo rinoceronte**
rhinoceros beetle

⑰ **el ciervo volante**   stag beetle

⑱ **el caracol**   snail

⑲ **la hormiga**   ant

⑳ **el gusano de seda**   silkworm

㉑ **la lombriz de tierra**   earthworm

㉒ **el ciempiés**   centipede

㉓ **el escorpión**   scorpion

㉔ **la pulga**   flea

㉕ **el renacuajo**   tadpole

㉖ **la rana**   frog

㉗ **el lagarto**   lizard

㉘ **el cocodrilo**   crocodile

**❶ el pollo** chicken

**❷ el faisán** pheasant

**❸ el pato** duck

**❹ el ganso** goose

**❺ el cisne** swan

**❻ el pingüino** penguin

**❼ la gaviota** seagull

**❽ la garceta** egret

**❾ la paloma** pigeon

**❿ el gorrión** sparrow

**⓫ el pájaro carpintero** woodpecker

**⓬ el canario** canary

**⓭ el gorrión blanco** white sparrow

**⓮ el cuervo** crow

**⓯ la mina** mynah

**16** **el loro**  parrot

**17** **la urraca azul**  blue magpie

**18** **el tucán**  toucan

**19** **el pelícano**  pelican

**20** **la alondra**  lark

**21** **el colibrí**  hummingbird

**22** **la golondrina**  swallow

**23** **el alcaudón**  shrike

**24** **la lechuza**  owl

**25** **la espátula**  spoonbill

**26** **el avestruz**  ostrich

**27** **el pavo real**  peacock

**28** **el águila**  eagle

**29** **el buitre**  vulture

**30** **el cóndor**  condor

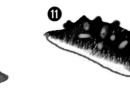

❶ **la ostra**  oyster

❷ **la almeja**  clam

❸ **el cangrejo**  crab

❹ **el camarón**  shrimp

❺ **la langosta**  lobster

❻ **el pez globo**  blowfish

❼ **el delfín**  dolphin

❽ **el tiburón**  shark

❾ **la ballena**  whale

❿ **la estrella de mar**  starfish

⓫ **el cohombro de mar**  sea cucumber

⓬ **la serpiente de mar**  sea snake

⓭ **el caballito de mar**  sea horse

⓮ **el calamar**  squid

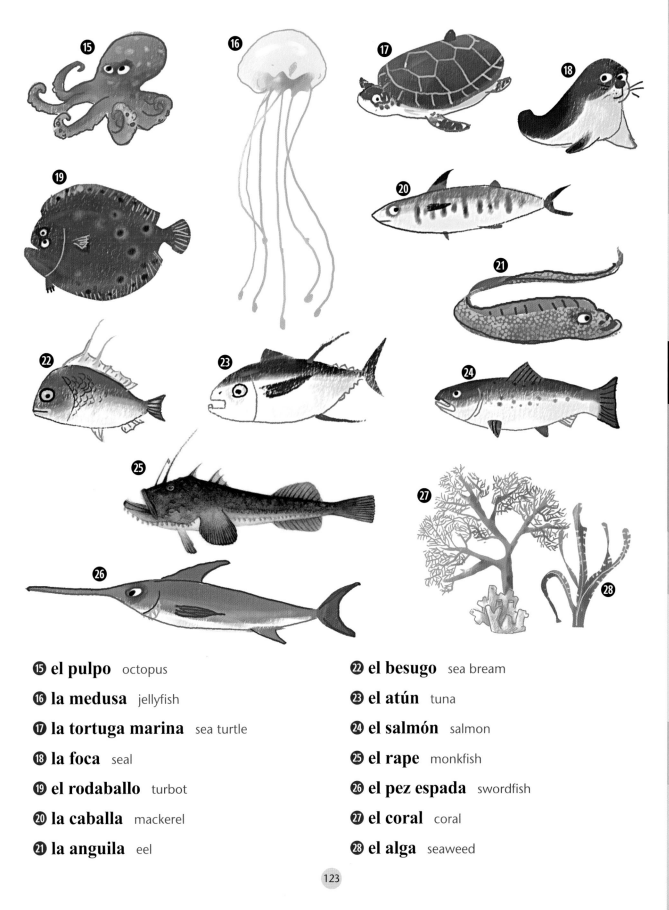

**⑮ el pulpo**  octopus

**⑯ la medusa**  jellyfish

**⑰ la tortuga marina**  sea turtle

**⑱ la foca**  seal

**⑲ el rodaballo**  turbot

**⑳ la caballa**  mackerel

**㉑ la anguila**  eel

**㉒ el besugo**  sea bream

**㉓ el atún**  tuna

**㉔ el salmón**  salmon

**㉕ el rape**  monkfish

**㉖ el pez espada**  swordfish

**㉗ el coral**  coral

**㉘ el alga**  seaweed

**❶ el narciso**  narcissus

**❷ la azalea**  azalea

**❸ el lirio**  lily

**❹ la margarita**  daisy

**❺ el iris**  iris

**❻ la camelia**  camellia

**❼ la rosa**  rose

**❽ la flor del cerezo**  cherry blossom

**❾ el clavel**  carnation

**❿ el dondiego**  morning glory

**⓫ la lavanda**  lavender

**⓬ el girasol**  sunflower

**⑬ el tulipán**  tulip

**⑭ la violeta**  violet

**⑮ la canola**  canola

**⑯ el diente de león**  dandelion

**⑰ el trébol**  shamrock

**⑱ la hoja de arce**  maple leaf

**⑲ la flor de Navidad**  poinsettia

**⑳ el helecho**  fern

**㉑ el sauce**  willow

**㉒ el cedro**  cedar

**㉓ el ciprés**  cypress

❶ **enero** January

❷ **febrero** February

❸ **marzo** March

❹ **abril** April

❺ **mayo** May

❻ **junio** June

❼ **julio** July

❽ **agosto** August

❾ **septiembre** September

❿ **octubre** October

⓫ **noviembre** November

⓬ **diciembre** December

⓭ **el calendario mensual** monthly calendar

⓮ **domingo** Sunday

⓯ **lunes** Monday

⓰ **martes** Tuesday

⓱ **miércoles** Wednesday

⓲ **jueves** Thursday

⓳ **viernes** Friday

⓴ **sábado** Saturday

㉑ **la fiesta nacional** national holiday

**⑬** JULY

| ⑭ SUN | ⑮ MON | ⑯ TUE | ⑰ WED | ⑱ THU | ⑲ FRI | ⑳ SAT |
|---|---|---|---|---|---|---|
| | 1 | 2 | 3 | **4** ㉑ | 5 | 6 |
| 7 | 8 | 9 | 10 | 11 | 12 | 13 |
| 14 | 15 | 16 | 17 | 18 | 19 | 20 |
| 21 | 22 | 23 | 24 | 25 | 26 | 27 |
| 28 | 29 | 30 | 31 | MEMO | | |

---

### Additional Information: Numbers

1. **uno** one
2. **dos** two
3. **tres** three
4. **cuatro** four
5. **cinco** five
6. **seis** six
7. **siete** seven
8. **ocho** eight
9. **nueve** nine
10. **diez** ten

11. **once** eleven
12. **doce** twelve
13. **trece** thirteen
14. **catorce** fourteen
15. **quince** fifteen
16. **dieciséis** sixteen
17. **diecisiete** seventeen
18. **dieciocho** eighteen
19. **diecinueve** nineteen
20. **veinte** twenty

21. **treinta** thirty
22. **cuarenta** forty
23. **cincuenta** fifty
24. **ciento** one hundred
25. **mil** one thousand
26. **diez mil** ten thousand
27. **cien millones** one hundred million
28. **cero** zero

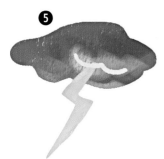

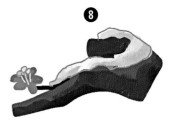

❶ **el sol**  sun

❷ **la nube**  cloud

❸ **la lluvia**  rain

❹ **el viento**  wind

❺ **el trueno**  thunder

❻ **el relámpago**  lightning

❼ **la niebla**  fog

❽ **la escarcha**  frost

❾ **la nieve**  snow

❿ **el hielo**  ice

⓫ **el granizo**  hail

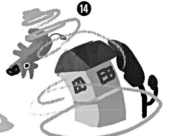
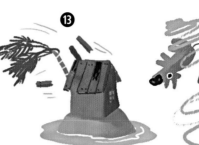

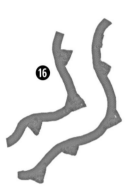

⑫ **la tormenta**  storm

⑬ **el huracán**  hurricane

⑭ **el tornado**  tornado

⑮ **la presión alta**  high pressure

⑯ **el frente frío**  cold front

⑰ **la corriente fría**  cold current

⑱ **la temperatura**  temperature

⑲ **la primavera**  spring

⑳ **el verano**  summer

㉑ **el otoño**  fall/autumn

㉒ **el invierno**  winter

---

Additional Information: Weather Description

1. **un día soleado**  sunny day

2. **un día nublado**  cloudy day

3. **un día lluvioso**  rainy day

❶ **el Año Nuevo** New Year

❷ **la Nochevieja** New Year's Eve

❸ **el Día del Maestro** Teacher's Day

❹ **el Día de San Valentín** Valentine's Day

❺ **el Día de Trabajo** Labor Day

❻ **el Día Nacional** National Day

❼ **Halloween**  Halloween

❽ **el Día de Acción de Gracias**
Thanksgiving

❾ **la Navidad**  Christmas

❿ **el Día de la Madre**  Mother's Day

⓫ **el Día del Padre**  Father's Day

**❶ la meseta** plateau

**❷ el bosque** forest

**❸ el lago** lake

**❹ la cascada** waterfall

**❺ el pico** peak

**❻ la montaña** mountain

**❼ la presa** dam

**❽ el río** river

**❾ el estanque** pond

**❿ el monte** woods

⑪ **el valle**  valley

⑫ **la cuenca**  basin

⑬ **la llanura**  plain

⑭ **el banco de arena**  sandbar

⑮ **el puerto**  harbor

⑯ **la playa**  beach

⑰ **la puesta del sol**  sunset

⑱ **el horizonte**  horizon

⑲ **la isla**  island

⑳ **el mar**  sea

# Index

## A

abalone 49
accordion 91
actor 33
actress 33
air conditioner 6
airline representative 86
airline service counter 86
airmail 73
airplane 86
aisle seat 84
alarm 76
alarm clock 17
alumnus 95
ambulance 92
American football 111
angry 36
answering machine 7
ant 119
apartment 2
appetizer 56
apple 43
apple pie 57
appliance store 70
apricot 43
April 126
apron 20
arcade 83
archery 109
architect 31
architecture 98
armchair 6
armored truck 77
artist 33
asparagus 44
assistant 30
astronomy 98
at symbol 107
athlete 33
ATM 76
ATM card 77
auditorium 96

August 126
aunt 28
ax 22
azalea 124

## B

baby 27
bachelor's degree 94
backpack 66
backslash 107
backstroke 112
bacon 47
badge 74
badminton 111
badminton court 97
bagel 53
bake 60
bakery 71
balcony 3
ballpoint pen 102
bamboo shoot 44
banana 43
bandana 66
bank 70
barbecue 60
baseball 110
baseball field 97
basil 44
basin 133
basket 40
basketball 110
basketball court 96
bath mat 11
bath towel 11
bathrobe 13
bathtub 11
beach 133
bean sprouts 45
beauty salon 71
bee 118
beef 46
belly 35

belt 67
beverages 40
bicycle 81
bill 55, 76
biology 98
biplane 80
bird-watching 89
black 104
blanch 60
bleach 18
blender 20
blow-dryer 12
blowfish 122
blue 104
blue magpie 121
blush 15
boating 108
body lotion 12
body oil 15
boil 60
bookcase 4
bookend 17
bookrack 101
bookstore 70
boots 68
bow tie 67
bowl 59
bowling 110
bowling alley 97
boxers 65
boy 27
bra 65
bracelet 67
braces 107
brackets 107
brain 35
bread 40
breaststroke 112
broker/agent 33
bronze statue 96
brooch 67
broom 19

brother-in-law 29
brown 104
brown bear 117
brown sugar 62
brush 15
brush one's teeth 25
brussels spouts 45
bucket 23
building 2
bulldozer 81
bulletin board 96
bus stop 83
business 98
business class 85
businessman/woman 32
butter 51
butter knife 59
butterfly 118
butterfly stroke 112

## C

cabbage 45
cabinet 20
cable car 80
cafeteria 97
call the police 75
call, telephone 25
camel 117
camellia 124
camping 88
canary 120
candle 59
candlestick 59
canned food 40
canola 125
cantaloupe 42
captain 85
carnation 124
carpenter 31
carrot 44
carry (something) on (one's) back 39
cash 40

cash register 40
cashier 40
cat 116
catfish 48
cauliflower 44
CD burner 9
cedar 125
ceiling 4
celery 45
cello 91
cement mixer 81
centipede 119
chair 101
chairman 95
chalk 101
chalkboard 101
cheat 99
check 77
check-in counter 86
cheek 35
cheese 51
chef 31
chemistry 98
chemistry lab 96
cherry 42
cherry blossom 124
chest 35
chest of drawers 17
chicken 46, 120
chicken breast 46
chicken leg 46
chicken nuggets 52
chicken wing 46
child 27
children's department 79
chili powder 63
chili sauce 63
chin 35
Chinese 98
chocolate cake 57
chop 61
chopsticks 58

Christmas  131
cicada  118
circle  106
civil servant  30
clam  122
clarinet  90
classroom  96
cleaver  20
clock  4
close/turn off  25
clothes pin  18
cloud  128
cloudy day  129
club activity  99
cockroach  118
cod fillet  49
coffee  50
coffee maker  20
coffee shop  71
coffee table  4
coffeepot  54
coin  76
cola  50
cold current  129
cold front  129
colon  107
color pen  102
comforter, duvet  17
comma  107
compact foundation  14
compass  103
conditioner  12
condor  121
cone  106
container ship  80
control tower  87
cook  24
cooking oil  62
copilot  85
coral  123
coriander  63
corn  44

corner  83
cornstarch  63
corsage  67
cosmetics  17
cosmetics department  79
cotton swab  13
counter  20, 55, 76
cousin  28
cow  116
CPU  8
crab  122
crack (an egg)  61
cranberries  43
crane  81
crawl  38
crayon  102
cream  51
creamy white  104
credit card  77
cricket  111, 118
crocodile  119
croissant  52
croquet  111
crosswalk  83
crow  120
CRT monitor  8
crutch  93
crying  37
cucumber  44
cuff link  67
cupboard  20
curb  83
currency exchange  76, 86
curry  63
curtain  4
customer  40
customer service center  79
customs  87
cut  61
cutting board  20
cycling  109
cypress  125

**D**

dairy products  40
daisy  124
dam  132
dancer  33
dancing  88
dandelion  125
dark  104
dash  107
daughter  29
daughter-in-law  29
dean  95
December  126
deer  117
deli food  40
delicatessen  71
dentist  92
department store  70
departure lobby  87
deposit  76
desk  101
desk mat  101
desktop computer  8
dessert fork  58
diamond  106
dictation  99
dinner knife  58
director  95
discus throw  114
dish rack  20
dishwasher  20
display counter  78
dive  112
division sign  106
do a handstand  38
do the laundry  24
doctor  32
doctorate  94
dodgeball  110
dog  116
dog paddle  112
doggie bag  52

dolphin  122
donkey  117
door  4
dormitory  97
double bed  17
double-decker bus  81
doughnuts  52
down coat  65
dragonfly  118
drain  11
dress  64
drink  24
driver  30
drum  91
dryer  19
duck  120
dustpan  19
duty belt  74
duty-free item  87
duty-free shop  87
DVD  9
DVD player  7
DVD-ROM drive  9

**E**

eagle  121
ear, nose, and throat doctor  92
earrings  66
earthworm  119
eat  24
economics  98
economy class  85
eel  123
eggplant  44
egret  120
eight  127
eighteen  127
elderly man  26
elderly woman  26
electric drill  22
electric guitar  91
electric kettle  20

electric keyboard  91
electric razor  12
elementary school  94
elephant  117
elevator  78
eleven  127
ellipsis  107
e-mail  73
embarrassed  36
emergency exit  84
emergency room  93
energetic  36
engineer  32
engineering  98
English  98
entrepreneur  32
envelope  72
equals sign  106
eraser  101
escalator  78
essay  99
exam  99
excited  36
exclamation mark  107
express mail  72
eye  35
eye shadow  14
eyebrow  35
eyebrow pencil  14
eyeglasses  66
eyelash  35
eyelash curler  15
eyeliner  14

**F**

fabric softener  18
facial tissues  13
facial wash  12
fail  99
fall  38
fall flat on (one's) back  38
fall/autumn  129

# Index

fan *7*

farmer *31*

father *28*

Father's Day *131*

faucet *11*

fax machine *9*

February *126*

fern *125*

ferry *80*

field *96*

field hockey *111*

fifteen *127*

fifty *127*

figure skating *108*

final exam *99*

fire engine *81*

fire hydrant *71*

firefighter *30*

firefly *118*

first class *85*

fish ball *49*

fisherman, fisherwoman *31*

fishing *88*

five *127*

flash drive *9*

flashlight *23*

flea *119*

flight attendant *84*

flip-flops *69*

flippers *69*

floor *4*

floor lamp *4*

floppy disk *9*

fluorescent light *22*

flute *90*

fly *118*

fog *128*

folder *103*

food court *79*

foot *35*

football field/soccer field *97*

footstool *17*

for here *53*

forehead *35*

foreign language *98*

forest *132*

fork *58*

forty *127*

foundation *14*

fountain pen *102*

four *127*

fourteen *127*

fox *117*

free sample *40*

freestyle *112*

freeway *83*

french fries *53*

French horn *90*

freshman *95*

Friday *126*

fried chicken *53*

frog *119*

frost *128*

frozen foods *40*

frozen treat *51*

fruit *40*

fry *60*

frying *60*

frying pan *20*

furniture store *71*

fuselage *85*

## G

garage *3*

garbage truck *81*

gardening *89*

garlic *45*

gas station *83*

gas stove *20*

geography *98*

get up *25*

ginger *44*

giraffe *117*

girl *27*

globe *101*

glove *67*

glue *103*

go *52*

goat *116*

gold *104*

golf *110*

golf course *97*

goose *120*

gown *64*

grade *95*

graduate school *94*

graduation *99*

grandchild *29*

grapefruit *43*

grapes *43*

grasshopper *118*

grate *61*

gray *104*

gray mullet *48*

greater than sign *106*

green *104*

green onions *45*

green pepper *44*

grilled *60*

ground meat *47*

group discussion *99*

grouper *48*

guava *43*

guidance counselor's office *97*

guitar *90*

gun *74*

gym *70, 97*

## H

hail *128*

hair *35*

hair band *66*

hair clip *66*

hairbrush *12*

hairstylist *33*

Halloween *131*

hallway *96*

ham *47*

hamburger *53*

hammer *22*

hammer throw *114*

hand *35*

handball *110*

handcuffs *75*

hang gliding *108*

hanger *18*

happy *36*

harbor *133*

hard disk *8*

harmonica *90*

harp *91*

hat *66*

head *35*

headboard *17*

headphones *4*

heart *35*

heater *7*

helicopter *80*

high heels *68*

high jump *114*

high pressure *129*

hiking *88*

hippopotamus *117*

history *98*

home electronics department *78*

home furnishing department *78*

homework *99*

hook *22*

horizon *133*

horse *116*

horseback riding *109*

horse-drawn carriage *81*

hospital *70*

hostess *55*

hot chocolate *50*

hot dog *47*

hot-air balloon *80*

hotel *70*

household appliances department *78*

hub *9*

hummingbird *121*

hundred-meter dash *115*

hurdles *114*

hurricane *129*

husband *29*

hyphen *107*

## I

I.D. card *77*

ice *128*

ice bucket *54*

ice cream *51*

ice hockey *110*

iced tea *50*

ice-skating *108*

ICU *92*

immigration *87*

information desk *79, 87*

ink *103*

in-line skating *108*

insurance counter *86*

internal medicine specialist *92*

intersection *83*

intestines *35*

iris *124*

iron *18*

iron the clothes *24*

ironing board *18*

island *133*

## J

jacket *65*

January *126*

Japanese *98*

javelin throw *115*

jeans *64*

jellyfish *123*

jerky *47*

jet engine  85
jet skiing  113
jewelry department  79
jogging  109
judge  32
juice  50
July  126
jumbo jet  80
jump  39
June  126
junior high school  94

## K

kale  45
kangaroo  116
karaoke bar  70
ketchup  63
keyboard  8
kick  39
kickboarding  113
kindergarten  94
kiwi fruit  42
kneel  38
knit  24
koala  116

## L

Labor Day  130
laborer  31
ladder  23
ladle  20
ladybug  118
lake  132
lamb  46
lamp  17
landing  86
language academy  94
language lab  96
laptop computer  8
lark  121
lasagna  57
laughing  37

laundry bag  19
laundry basket  13
laundry detergent  18
lavatory  84
lavender  124
law  98
lawyer  32
LCD monitor  8
leather goods department  79
leather shoes  68
leg of lamb  46
lemon  42
lemon tart  57
lemonade  50
less than sign  106
letter  72
letter carrier  72
lettuce  45
library  97
lie down  39
lie face down  39
life preserver  84
light  104
light switch  4
lightning  128
lily  124
lime  42
lingerie department  78
linguistics  98
lion  117
lipstick  15
listening to music  89
literature  98
liver  35
lizard  119
loach  48
lobster  122
lockers  79, 96
long jump  114
lost-and-found department  78
low-fat milk  51
luggage  86

luggage carousel  87
luggage cart  86
lung  35

## M

mackerel  123
mailbox  3, 72
main door  2
man  26
manager  30
mango  42
map  101
maple leaf  125
marathon  115
March  126
marinate  61
maritime mail  73
marker  102
mascara  14
mask  15
master's degree  94
maternal grandfather  28
maternal grandmother  28
math  98
mattress  17
May  126
meat  40
meatballs  47
mechanic  31
mechanical pencil  102
medicine  98
melon  42
men's department  79
menu  54
microphone  101
microwave oven  20
middle-aged person  26
midterm  99
milk shake  51
mineral water  50
minus sign  106
mirror  11

miso  63
modem  8
moisturizer  14
Monday  126
money order  77
monkey  116
monkfish  123
monorail  81
monthly calendar  126
monthly test  99
mop  19
morning glory  124
mosquito  118
moth  118
mother  28
Mother's Day  131
motherboard  8
motorboat  80
mountain  132
mountain climbing  88
mouse  8, 116
mouse pad  8
mouth  35
movie theater  71
MSG (monosodium glutamate)  62
muffins  53
multiplication sign  106
mushrooms  45
music  98
musician  33
mustard  63
mynah  120

## N

nail  22
nail clipper  13
nail polish  15
napkin  55
narcissus  124
National Day  130
national holiday  126
navel  35

neck  35
necklace  67
necktie  67
nephew  29
nervous  37
network adapter card  8
New Year  130
New Year's Eve  130
newspaper  73
niece  29
nightclub  71
nightstand  17
nine  127
nineteen  127
noodle soup  57
nose  35
notebook  103
November  126
nurse  32, 93
nurse's office  97
nurses' station  93

## O

oboe  90
obstetrician  92
ocean liner  80
October  126
octopus  123
office  96
official seal  77
older brother  28
older sister  28
olive oil  62
one  127
one hundred  127
one hundred million  127
one thousand  127
onion  45
onion rings  52
open/turn on  25
operating room  92
ophthalmologist  92

# Index

oral presentation  99
orange  43, 104
ostrich  121
oval  106
oven  20
overhead compartment  84
owl  121
oyster  122

## P

package  80
packaged food  40
paint  23, 115
paintbrush  23
painting  4, 96
paint palette  115
paint roller  23
pajamas  71
pan  20
pancakes  54
panda  133
pants  70
panty hose  75
papaya  42
paper clip  114
paper napkins  54
parallel bars  130
parallelogram  118
parentheses  119
park  91
parking space  91
parrot  137
part-time job  111
passbook  85
passenger  94
patch  82
paternal grandfather  28
paternal grandmother  28
patient  102
patrol car  83
patrol officer  83
peacock  137

peak  148
pedestrian bridge  91
pediatrician  102
peel  67
pelican  137
pencil  114
pencil box  113
pencil sharpener  114
penguin  136
pepper  68
perfume  13
period  119
persimmon  42
pestle  104
pharmacy  79, 103
pheasant  136
philosophy  110
photocopier  9
photography  97
physical education  110
physics  110
piano  99
pickles  54
picture frame  17
pig  132
pigeon  136
pillow  17
pilot  31
pineapple  43
pink  116
place mat  57
plain  149
plainclothes officer  82
plastic bag  40
plastic wrap  31
plate  65
plateau  148
platform  113
platform shoes  74
platter  65
play cards  96
play chess  96

play Chinese chess  96
play mahjong  96
playing video games  97
pliers  22
plug  11
plum  42
plumber  31
plum blossom  171
plus sign  118
poinsettia  141
pointed shoes  74
polar bear  133
pole vault  126
police baton  82
police dog  83
police hat  82
policeman  30
police motorcycle  83
police station  79, 82
political science  110
politician  32
polygon  118
pomfret  48
pommel horse  130
pond  148
pool  123
pork  46
postcard  81
postmark  80
post office  78
potato  44
potato starch  69
pot stickers  63
pound sign  119
powdered milk  53
praying mantis  135
pre-makeup cream  14
pregnant woman  27
principal  107
principal's office  108
printer  9
private school  107

professor  30
projector  113
public school  107
public servant  30
pudding  59
pulse diagnosis  104
pumpkin  44
pumpkin pie  59
purple  116
purse  72

## Q

question mark  107
quotation marks  107

## R

rabbit  116
radish  44
rag  19
rain  128
rain boots  69
raincoat  65
rainy day  129
RAM  8
range fan  20
raspberry  43
razor  12
razor blade  12
reading  89
receipt  40
reception  93
recipient's address  72
recliner  6
rectangle  106
recycling bin  40
red  104
red cabbage  45
red snapper  49
refrigerator  20
registered mail  72
relay race  115
remote control  7

reporter  30
residence permit  77
restaurant  70
restroom  96
return address  72
rhinoceros  117
rhinoceros beetle  119
ribs  47
river  132
road  83
roast chicken  56
rock climbing  109
rocking chair  6
roe  49
roller skating  108
rose  124
rug  4
ruler  102
runway  87

## S

safe  76
safe-deposit box  76
sailboat  80
salad  56
salami  47
salesclerk  78
salesman, saleswoman  30
salmon  123
salmon fillet  48
salt  62
salt shaker  54
sandals  68
sandbar  133
sandwich  56
sardine  48
Saturday  126
saucer  59
sausage  47
saxophone  90
scale  13
scallop  49

scanner *9, 40*
scarab beetle/June bug *118*
scarf *66*
scholar *95*
scholarship *99*
school gate *96*
schoolyard *96*
scientist *32*
scissors *103*
scooter *81*
scorpion *119*
screw *22*
screwdriver *22*
scrub brush *23*
scuba diving *113*
sculpting *88*
sculptor *33*
sea *133*
sea bass *49*
sea bream *123*
sea cucumber *122*
sea horse *122*
sea snake *122*
sea turtle *123*
seafood *40*
seagull *120*
seal *123*
seat belt *84*
seat pocket *84*
seaweed *123*
secretary *30*
sector *106*
security camera *76*
security guard *2, 76*
sedan *80*
semester *99*
semicolon *107*
senior high school *94*
September *126*
serving tray *53*
sesame oil *62*
seven *127*

seventeen *127*
sew *24*
shampoo *12*
shamrock *125*
shark *122*
sheep *116*
sheet *17*
sheets of paper *103*
shelf *11*
shirt *64*
shish kebab *56*
shoe department *79*
shoes *68*
shopping bag *40*
shopping cart *40*
shorts *64*
shot put *114*
shovel *23*
shower cap *13*
shower curtain *11*
shower gel *12*
showerhead *11*
shrike *121*
shrimp *48, 122*
shuttle bus *87*
shy *37*
sibling *29*
side table *6*
sidestroke *112*
sidewalk *83*
signature *77*
silk scarf *66*
silkworm *119*
silver *104*
simmer *60*
singer *33*
singing karaoke *89*
single bed *17*
sink *11, 20*
sister-in-law *28*
sit *39*
six *127*

sixteen *127*
skateboarding *109*
skiing *109*
skirt *64*
skycap *87*
skydiving *108*
slash *107*
sleep *24*
slice *61*
slippers *17, 69*
smiling *37*
smoothie *50*
snacks *40*
snail *119*
snake *116*
sneakers *68*
snorkeling *113*
snow *128*
snowboarding *109*
snowshoes *69*
soap *12*
soccer *111*
sociology *98*
socket *11*
socks *69*
soda *50*
sofa *4*
sofa bed *17*
softball *110*
soldier *30*
sole *49*
son *29*
son-in-law *29*
soup *56*
soy sauce *62*
spaghetti *57*
sparrow *120*
speaker *9*
spider *118*
spinach *45*
sponge *23*
spoon *58*

spoonbill *121*
sporting-goods department *78*
sportswear *65*
spring *129*
sprinkle *61*
sprint *115*
square *106*
square root symbol *106*
squash *111*
squat *38*
squid *122*
squirrel *116*
stag beetle *119*
stair *3*
stamp *72*
stand *38*
stapler *103*
star fruit *43*
starfish *122*
steak *56*
steak knife *58*
steam *60*
steam cooker *20*
steeplechase *115*
stereo *7*
stew *60*
stir-fry *60*
stirring paddle *58*
stock *77*
stockings *69*
stomach *35*
stool *52*
store *70*
storm *129*
straw *52*
strawberry *42*
street sign *83*
street vendor's stand *71*
streetlight *83*
stretch *39*
stretcher *93*
subject *98*

submarine *80*
submarine sandwich *56*
subway *81*
subway entrance *83*
suit *64*
summer *129*
sun *128*
sundae *57*
Sunday *126*
sunflower *124*
sunglasses *66*
sunny day *129*
sunscreen *14*
sunset *133*
surfing *113*
surfing the Internet *89*
surgeon *92*
surprised *36*
sushi *56*
swallow *121*
swan *120*
sweater *65*
sweep the floor *24*
sweet potato *44*
swimming *108*
swimming pool *2*
swordfish *49, 123*
synchronized swimming *112*

**T**

table tennis *110*
tablecloth *54*
taco *56*
tadpole *119*
take a shower *25*
take off *25*
take out the garbage *25*
takeoff *87*
tambourine *91*
tangerine *43*
tanker *81*
tape *22*

# Index

tape measure 22
taxi 80
tea house 71
teacher 30
Teacher's Day 130
teapot 54
teaspoon 58
teen department 78
teenager 27
telephone 6
television 4
teller 76
temperature 129
ten 127
ten thousand 127
tennis 110
tennis court 97
terminal 86
textbook 101
Thanksgiving 131
thief 75
thigh 35
thirteen 127
thirty 127
thread 18
three 127
thumbtack 102
thunder 128
Thursday 126
tie clip 67
tiger 117
tile 11
timetable 98
tired 37
toaster 20
toddler 27
toilet 11
toilet paper 11
toilet tank 11
tomato 45
toolbox 23
tooth 35

toothbrush 12
toothpaste 12
toothpicks 55
top floor 3
tornado 129
toss 61
toucan 121
tour bus 80
tour guide 32
towel 11
toy department 79
toy store 71
track 96, 115
traffic light 83
traffic officer 74
train 81
trapezoid 106
trash can 6
traveler's check 77
tray 84
triangle 106
triple jump 114
trombone 90
trout 48
truck 81
trumpet 90
T-shirt 64
tuba 90
Tuesday 126
tulip 125
tuna 123
tuna fillet 48
turbot 123
turkey 46
turnstile 40
TV stand 4
twelve 127
twenty 127
two 127

**U**

umbrella 67

uncle 28
underground parking garage 79
underpass 83
undershirt 17
underwear 65
uniform 65
university 94

**V**

vacuum 24
vacuum cleaner 7
Valentine's Day 130
valley 133
vanity 17
vase 6
vegetables 40
veil 66
vending machine 70
vest 64
vinegar 62
violet 125
violin 91
volleyball 111
vulture 121

**W**

waffle 53
waist 35
waiter 54
waiting room 93
waitress 54
walk 38
walker 93
wall 4
wallet 66
ward 92
wardrobe 17
wash 24
wash one's face 25
wash the dishes 24
washing machine 19
watching movies 89

watching TV 89
water glass 59
water the plants 25
waterfall 132
watermelon 42
waterskiing 113
wear (accessories) 25
wear (clothing) 25
webcam 9
Wednesday 126
whale 122
wheelchair 93
whistle 74
white 104
white sparrow 120
white-out 102
white-water rafting 108
whole milk 51
wife 29
willow 125
wind 128
window 2
window blind 84
window seat 84
window shopping 89
windsurfing 113
wine 62
winter 129
withdrawal 76
wolf 117
woman 26
women's department 78
woodpecker 120
woods 132
wrap 61
wrench 22
wristwatch 67
written report 75

**X**

xylophone 91

**Y**

yard 3
yellow 104
yogurt / drinking yogurt / frozen yogurt 51
younger brother 29
younger sister 29

**Z**

zebra 116
zero 127
zip code 72